ALBERTO BARBIERI

AUTODIFESA FEMMINILE

Manuale di Prevenzione e Difesa Attiva
per Limitare i Rischi e Vivere in Sicurezza

Titolo

"AUTODIFESA FEMMINILE"

Autore

Alberto Barbieri

Editore

Bruno Editore

Sito internet

http://www.brunoeditore.it

Tutti i diritti sono riservati a norma di legge. Nessuna parte di questo libro può essere riprodotta con alcun mezzo senza l'autorizzazione scritta dell'Autore e dell'Editore. È espressamente vietato trasmettere ad altri il presente libro, né in formato cartaceo né elettronico, né per denaro né a titolo gratuito. Le strategie riportate in questo libro sono frutto di anni di studi e specializzazioni, quindi non è garantito il raggiungimento dei medesimi risultati di crescita personale o professionale. Il lettore si assume piena responsabilità delle proprie scelte, consapevole dei rischi connessi a qualsiasi forma di esercizio. Il libro ha esclusivamente scopo formativo.

Sommario

Collaboratori   pag. 5

Introduzione   pag. 6

Giorno 1: Come prevenire le situazioni di rischio
personale   pag. 11

Giorno 2: Come prepararsi ad affrontare un'aggressione   pag. 41

Giorno 3: Come liberarsi e reagire in caso di
aggressione ai polsi   pag. 76

Giorno 4: Come liberarsi da un'aggressione al collo
e al corpo   pag. 110

Giorno 5: Come difendersi da prese ai capelli e
contro il muro   pag. 141

Giorno 6: Come difendersi da un'aggressione in
posizione seduta   pag. 166

Giorno 7: Come difendersi da un tentativo di violenza
a terra   pag. 198

Conclusione   pag. 239

ATTENZIONE

L'Autore e l'Editore declinano qualsiasi responsabilità per danni a persone o cose derivanti dall'uso sbagliato, indiscriminato o improprio delle tecniche di difesa ed attacco insegnate in questo libro e le eventuali conseguenze civili e penali. Il lettore è totalmente responsabile delle sue azioni sia per sé che nei confronti di altre persone.

I Collaboratori

Pier Paolo Barbieri ha iniziato lo studio dell'Aikido (stile Aikikay) nel 1986 e a partire dal 1991 si è dedicato allo studio del Karate (stile Goju Ryu). Parallelamente al Karate, nel 1992 ha studiato metodi di Difesa e Attacco con le Armi Tradizionali di Okinawa e dal 2000 pratica Kickboxing e Muay Thay. Nel 2005 ha aggiunto agli allenamenti costanti di Kickboxing lo studio del Free Fight e Submission al fine di ampliare e approfondire le conoscenze di autodifesa applicandole alle tecniche antiviolenza e antistupro di Autodifesa Femminile; a partire da quell'anno è Istruttore di Difesa Personale. Oggi è insegnante Master Self Defence presso l'Associazione FAST – Formazione Autodifesa Sistemi Tradizionali A.S.D. Tecnico Sanitario di Radiologia Medica, lavora presso l'Azienda Ospedaliera di Verona. Ha collaborato con Alberto Barbieri alla realizzazione tecnica e fotografica del libro *Difesa Personale* (ed. Bruno Editore - 2008).

Sara Fantoni è una giovane studentessa di scuola superiore che per alcuni anni ha praticato Karate sportivo con interesse ed assiduità. Attualmente frequenta con impegno e molta passione il Corso Esperti di Difesa Personale – Metodo FAST – ed è tra le allieve più giovani, attente e preparate. Proprio per questo motivo è stata scelta come protagonista per collaborare alla realizzazione fotografica delle sequenze tecniche di *Autodifesa Femminile*, che illustrano gli argomenti trattati e riassumono in dettaglio gran parte del programma di studio dei corsi frequentati.

Introduzione

«Niente è impossibile se veramente lo vuoi e sai come fare per ottenerlo!»

Quando nel 2002 mi hanno proposto la "sfida" di creare un metodo di difesa personale che fosse semplice, alla portata di donne e uomini di tutte le età senza bisogno di estenuanti allenamenti di preparazione atletica o di potenziamento fisico, e, soprattutto, un sistema valido e sicuro, in pochi pensavano che ci sarei riuscito. Il lavoro è stato lungo, mi sono confrontato con molti esperti e ho sperimentato sul campo ciò che poteva rispondere all'obbiettivo che mi ero prefisso.

Oggi posso dire di aver vinto la sfida perché quello che descriverò in questo manuale è un metodo di autodifesa, particolarmente indicato per le ragazze e le donne (ma non solo!), che esamina le "situazioni tipiche" di una comune aggressione e spiega in modo semplice e immediato quali sono le tecniche di autodifesa da utilizzare per non soccombere e per mettersi rapidamente al sicuro.

Il metodo descritto non è legato a qualche arte marziale in particolare ma deriva da un lungo lavoro di "integrazione ed interdisciplinarietà"; qualsiasi esperto di arti marziali potrà riconoscere in questo ebook delle tecniche a lui note ma probabilmente troverà anche delle difese a lui sconosciute o che comunque non gli appartengono.

Nel mio precedente ebook *Difesa Personale* pubblicato da Bruno Editore nel 2008, ho dedicato molto spazio ai princìpi dell'autodifesa, alla prevenzione, agli aspetti legali e penali, allo studio delle situazioni reali e all'analisi delle componenti psicologiche di un eventuale aggressore. In questo lavoro ho preferito focalizzare l'attenzione sull'aspetto didattico semplificando e classificando i principali tipi di aggressione in piedi, da sedute, a terra e tentativi di violenza illustrando le migliori tecniche di difesa possibili, senza trascurare comunque gli aspetti teorici fondamentali sulla prevenzione e sulla legittima difesa.

Si tratta quindi di un vero e proprio manuale pratico di autodifesa dedicato alle donne, che prende letteralmente per mano la lettrice e la porta a scoprire le fondamentali difese dai tipi più comuni di aggressione, aiutandola anche a superare gradualmente la paura psicologica di dover fronteggiare un malvivente.

Ma questo ebook non è solo rivolto alle donne che intendono imparare come affrontare un potenziale pericolo. Tutti i maestri di arti marziali che, oltre alla loro disciplina sportiva, intendono organizzare e gestire anche corsi di autodifesa civile potranno trovare in queste pagine un programma completo, descritto e illustrato in dettaglio. Diventa quindi un supporto didattico utile da consigliare alle loro allieve, che potranno memorizzare e rivedere con calma quello che avranno prima appreso e sperimentato in palestra. Il contenuto di questo manuale pratico è parte integrante dei miei corsi serali di difesa personale, sia per il livello base che per quello avanzato.

Ho pensato questo ebook anche come manuale di supporto agli insegnanti che in molte scuole superiori organizzano lezioni di autodifesa per le loro studentesse. Avere a disposizione un programma chiaro e strutturato in modo schematico è certamente utile per non dimenticare alcune possibili situazioni di rischio.

Infine, un'ultima e importante raccomandazione: anche se questo libro, grazie alle numerose immagini e sequenze fotografiche si legge e si comprende in pochissimo tempo, va riletto con calma e studiato a fondo. Ogni tecnica descritta deve essere provata e riprovata assieme a un amico o a una compagna di studio che simuli le aggressioni e che sia "collaborativa" nel subire le controtecniche; tali contrattacchi dovranno essere sempre eseguiti con la massima attenzione e cautela per evitare di farsi del male.

Come scritto all'inizio: «Niente è impossibile se veramente lo vuoi e sai come fare per ottenerlo». Io vi ho messo a disposizione tutto quello che potevo: la mia esperienza, il metodo, le conoscenze e lo strumento per imparare a difendervi; a voi non resta che applicare la volontà e l'impegno necessari affinché possiate imparare e raggiungere così i vostri obiettivi di sicurezza e fiducia in voi stesse.

Una precisazione per facilitare la catalogazione e la ricerca: le foto che in questo manuale illustrano le tecniche sono state numerate tra parentesi in base al seguente criterio: il primo numero indica il giorno, mentre il numero che segue il punto indica l'ordine progressivo delle immagini di tale giorno. Per esempio: (foto 4.021) sta a designare la foto n. 21 del GIORNO 4.

Infine, voglio esprimere un vivo ringraziamento a Pier Paolo Barbieri per la consulenza e il supporto tecnico che mi ha dato nella realizzazione di questo ebook e a Sara Fantoni per l'impegno e la preziosa collaborazione nella realizzazione delle sequenze fotografiche in cui interpreta il difficile ruolo di protagonista.

GIORNO 1:
Come prevenire le situazioni di rischio personale

In questo primo giorno vedremo insieme quali sono le regole base dell'autodifesa e i più importanti accorgimenti preventivi, le norme legali e, in particolare, cosa prevede il Codice Penale in materia di difesa personale. Infine, faremo alcune importanti considerazioni sugli aspetti psicologici femminili nel malaugurato caso di aggressione fisica.

Le regole base di autodifesa e prevenzione
La prima regola, che vale da sola come tutte le altre messe insieme, è la **prevenzione**. Sviluppare il senso del pericolo ed evitare a tutti i costi di correre rischi inutili è una sana abitudine che, una volta appresa, diventa praticamente automatica e può valere molto più di tanti corsi. Nel secondo capitolo di *Difesa Personale* (ed. Bruno Editore, 2008) ho dedicato molte pagine a esaminare come sia possibile sviluppare la percezione del pericolo e, soprattutto, quali siano le regole base per poter

allenare e potenziare quel "sesto senso" che gli animali hanno conservato in modo istintivo e che il genere umano, in particolare nelle nazioni più ricche, ha progressivamente perso. Sempre in quel capitolo ho delineato i profili psicologici di varie tipologie di aggressori, evidenziando i loro tratti caratteristici, i loro punti deboli e il comportamento da tenere nelle varie situazioni in relazione a chi ci si trova davanti. Consiglio quindi la lettura di quel capitolo a coloro che desiderassero approfondire l'argomento dal punto di vista teorico.

In questa sede trattiamo invece i concetti fondamentali di difesa passiva, difesa attiva e triage.

Per **difesa passiva** si intendono tutte quelle precauzioni che è possibile mettere in atto per difendere se stessi, i propri cari e le proprie cose da qualsiasi tipo di aggressione (anche in senso lato): per esempio la porta blindata, le inferriate alle finestre, un sistema di allarme, un giubbino imbottito con doppia chiusura sulla tasca del portafogli ecc.

Per **difesa attiva** si intendono tutte quelle azioni che si pongono in essere per fronteggiare e reagire a una qualsiasi forma di aggressione: per esempio riuscire a fuggire di fronte a un pericolo, mettersi a gridare, contrattaccare con calci e pugni, oppure usare lo spray al peperoncino naturale O.C. (Oleoresin Capsicum).

Il **triage** è un metodo strettamente personale per valutare e attribuire a ogni istante della nostra vita il grado di rischio e pericolosità di quel preciso momento e di quelli immediatamente successivi, calcolato in base alle sensazioni percepite. Secondo il triage esistono *quattro livelli di pericolosità*, e quindi di potenziale rischio, che vengono codificati con dei colori differenti (bianco, verde, giallo, rosso) per stabilire il modo in cui agire o reagire alle sollecitazioni in quella specifica situazione. Descriviamo di seguito i codici colore del triage.

Codice bianco: rappresenta la *percezione del rischio minore* e si ha in una *condizione di serenità e di tranquillità*. Il codice bianco indica una situazione in cui le "difese attive" sono molto basse perché sono state attivate tutte le "difese passive" disponibili. Questo non significa che non ci siano rischi in senso assoluto ma che la nostra percezione non li sta rilevando. Sappiate che il malvivente abituale aspetta che la vittima si trovi in uno stato di codice bianco (o verde) per poter compiere la sua azione criminosa! Un esempio semplice: stare la sera in casa, con la porta e le finestre chiuse a chiave, tranquillamente sedute in poltrona a leggere un libro.

Codice verde: è solitamente la *condizione abituale di vita nella normalità di tutti i giorni*. Non ci sono rischi specifici imminenti ma non si può nemmeno dire di essere in una condizione di completo relax; ci si trova quindi in un momento che definisco di *serena attenzione* ed, essendo allentate le "difese passive", bisogna allertare le "difese attive" per evitare di cadere in qualche spiacevole sorpresa. Questo stato d'animo non deve diventare un'ossessione ma il normale risultato della consapevolezza che oggigiorno, anche in pieno centro cittadino, succedono fatti spiacevoli causati dal ladruncolo o dal balordo di turno. Prevenzione significa quindi essere mentalmente preparate e vigili in ciò che si sta facendo, un atteggiamento che deve diventare una condizione di normalità quando ci si trova per la strada o in luoghi pubblici, a prescindere dall'ora del giorno o della notte.

Codice giallo: indica una situazione di *paura specifica e di preallarme verso qualcosa quando*, per fortuna, *si ha ancora il tempo e la possibilità di porre in atto delle azioni correttive* atte a ripristinare uno stato di maggior sicurezza. Molto spesso il passaggio dallo stato di codice verde a quello di codice giallo è il frutto della condizione psicologica di quel momento e della capacità e prontezza nel gestire la situazione. Quando ci si trova in uno stato di codice giallo bisogna alzare le "difese attive" e sperare che quelle "passive" siano già in funzione. Non bisogna mai esternare un atteggiamento di paura, insicurezza o incapacità di gestire la situazione; la gentilezza aiuta molto come anche la fermezza e la sicurezza nella voce, nei movimenti e nelle risposte.

Codice rosso: è il momento di *pericolo vero in cui la mente percepisce ed elabora in modo chiaro i segnali di paura* per sé e per gli altri. Con il codice rosso solitamente si hanno due alternative: scappare, se possibile, o prepararsi a reagire fisicamente da un momento all'altro usando le modalità e le tecniche commisurate alla gravità della situazione. Quando decidete di difendervi e di reagire con delle tecniche, la difesa deve essere energica, precisa, in modo da non lasciare scampo all'aggressore e ridurre ogni sua possibilità di recupero affinché non possa replicare in modo ancora più violento contro di voi.

SEGRETO n. 1: abituatevi a valutare la situazione in base alla sua effettiva pericolosità utilizzando la regola del triage e applicando le indicazioni del codice colore (bianco-verde-giallo-rosso).

In questa logica diventa molto importante conoscere e studiare i *rischi ambientali* e calcolare le probabilità di diventare oggetto di aggressione.

Per ogni tipologia di ambiente che frequentate, dovreste essere in grado di sapere:
1. quali sono le caratteristiche e la tipologia dell'ambiente;
2. come poter limitare i rischi con la difesa passiva e attiva;
3. come identificare le possibili vie di fuga per porvi in salvo;
4. come attribuire il giusto livello di rischio in base al triage;
5. come difendervi utilizzando le tecniche più efficaci e appropriate.

SEGRETO n. 2: fate in modo che in ogni momento le vostre difese passive e attive siano commisurate al livello di triage che avete attribuito alla situazione che state vivendo.

Facciamo un esempio molto semplice per capire come funziona il metodo che può essere applicato a tutti i luoghi che frequentate. Esaminiamo l'ambiente discoteca e valutiamo la situazione passando in rassegna i punti sopra elencati.

1) Definizione e conoscenza della tipologia dell'ambiente.
La discoteca è un luogo, solitamente affollato, dove possono trovarsi moltissime persone oneste ma anche persone che vivono di espedienti, che considerano quel luogo come un vero e proprio "terreno di caccia" per rubare o approfittarsi degli altri e delle situazioni. La probabilità di trovare qualche balordo che non abbia nulla da perdere o qualche persona sotto gli effetti dell'alcool o di stupefacenti che decida di importunarvi, sono effettivamente più elevate.

In discoteca, anche se sono presenti altre persone, non sperate troppo nell'aiuto spontaneo e soprattutto disinteressato di qualcuno; l'unico aiuto valido potrebbe arrivare da chi è preposto alla sicurezza del luogo: servizio d'ordine privato e forze di polizia eventualmente presenti. L'atmosfera soffusa, i giochi di luce, i colori, i lampi e la musica ad alto volume diminuiscono la sensibilità dei sensi principali (udito e vista).

Si riducono, di conseguenza, la capacità di percepire l'ambiente e la rapidità nel valutare i possibili pericoli; la probabilità di subire molestie sessuali è molto più alta in tale contesto. La vostra mente potrebbe essere in uno stato di leggera confusione o euforia, le vostre reazioni rallentate anche da un modesto consumo di alcool che abbassa le difese attive. Per una persona malintenzionata questo è il momento ideale per approfittare della situazione.

2) Conoscenza delle possibili difese attive e difese passive e dei potenziali rischi.
La prima forma di prevenzione e difesa passiva consiste nell'evitare di portare con sé molto denaro e oggetti di valore per non correre il rischio di essere derubate in un momento di disattenzione o confusione. Il portafoglio e il denaro (quando si tratta di una somma abbastanza elevata) non vanno tenuti in un

unico posto o in borsa ma, se possibile, "indossati" e il denaro suddiviso in più tasche che non siano facilmente raggiungibili da terzi. Se per caso siete in compagnia di amiche e appoggiate a terra le borse, fate in modo che siano vicine, chiuse e bene in vista e non date per scontato che qualcuna del gruppo le tenga costantemente d'occhio.

Se si avvicinano degli sconosciuti con l'intenzione di mostrarsi simpatici, *dovrete evitare sempre di rimanere isolate e farvi circondare*; non fidatevi di eventuali persone troppo intraprendenti o disponibili e non accettate di allontanarvi da sole con loro.

Tra le difese attive, è molto importante *prestare attenzione a quello che bevete e dove lo bevete*; qualche malintenzionato potrebbe mettere nel vostro bicchiere delle sostanze inodori (droghe, sonniferi) per offuscarvi la mente, rendervi incapaci di intendere e mettervi nelle condizioni di essere in loro completa balìa. Custodite bene il vostro bicchiere e, se avete qualche dubbio, evitate di continuare a bere richiedendone uno nuovo. Suggerisco anche di controllare quando il barman prepara il vostro drink perché, per maggior sicurezza, è bene controllare la bevanda fin dalla preparazione. Quindi, *non lasciate mai il vostro bicchiere mezzo pieno appoggiato da qualche parte*, senza la possibilità di sorvegliarlo e centellinando un drink ogni tanto; tenetelo in mano fino a quando non avrete finito la consumazione.

Se vi sentite confuse o se avete dei giramenti di testa rivolgervi subito alle amiche o al personale della sicurezza per far chiamare un medico e non fidatevi di aiuti improvvisi e repentini di altri clienti: potrebbe trattarsi di una trappola. *Non andate in giro da sole in mezzo a gente sconosciuta* per prendere una boccata d'aria fresca o ai bagni ma chiedete a un'amica o a una ragazza di cui vi fidate la cortesia di accompagnarvi.

Anche per questo motivo, *evitate di andare in discoteca da sole* ma cercate di organizzarvi insieme agli amici fidati e non separatevi a lungo da loro all'interno del locale; in questo modo sarà meno probabile diventare oggetto di molestie o aggressioni e, in caso di necessità, sarete facilitate nella difesa. All'uscita dal locale, se siete in gruppo, sarà più difficile che qualcuno tenti di molestarvi o di aggredirvi. *Non date mai il vostro cognome, l'indirizzo o il numero di telefono a persone occasionali appena conosciute*; se queste persone vi interessano veramente o se si mostrano insistenti, chiedete voi le loro generalità e cercate prima di capire bene le loro reali intenzioni.

Se desiderate appartarvi momentaneamente con qualcuno, una forma di prevenzione importante consiste nell'informare prima una persona di fiducia del vostro gruppo dicendo con chi andate e soprattutto dove; evitate inoltre di allontanarvi per molto tempo.

3) Conoscenza delle vie di fuga e di salvezza.
Come regola generale, quando frequentate sia i luoghi affollati che quelli isolati, è buona abitudine *localizzare le naturali vie di fuga previste e le uscite di sicurezza* per avere la cognizione dello spazio in cui siete e sapere dove si possono trovare eventuali persone amiche. Nelle discoteche esiste un servizio d'ordine e di security; è importante seguire le raccomandazioni di questi addetti e, in caso di bisogno, rivolgersi a loro per chiedere aiuto.

Se andate in discoteca in compagnia di amiche e/o amici, *è importante sapere dove rintracciarli all'interno del locale*, specie se molto grande e affollato; dandosi dei riferimenti precisi. Il bagno delle ragazze può essere un luogo dove rifugiarvi se qualche giovanotto, magari un po' troppo intraprendente e alterato dal fumo, dall'alcool o da qualche pasticca, avesse nei vostri confronti un comportamento volgare o pericoloso. Attenzione però che il bagno non sia vuoto perché potrebbe diventare una trappola. Il telefonino vi permetterà di chiamare in aiuto un amico e avvisare gli addetti alla security. Se le cose si mettessero male e ci fossero dei tafferugli tra i clienti, allontanatevi subito dal luogo e cercate di stare vicino alle amiche e agli amici con cui siete arrivate, verificando che non manchi nessuno ed evitando di farvi coinvolgere.

4) Come comportarsi in base al livello di rischio della situazione.
In molti casi, quando si verificano gli episodi sopra accennati, la prevenzione si attua controllando la situazione e allontanandosi dal luogo e dalle persone che si comportano in modo sospetto. Bisogna stare attenti agli oggetti presenti sui tavoli (bicchieri, lattine, bottiglie, portaceneri, piattini, posate...) che potrebbero essere presi e lanciati o essere usati dagli aggressori come armi improprie per colpire qualcuno. *Evitare nel modo più assoluto di*

discutere con questi soggetti o di contrastare verbalmente i loro atteggiamenti; è compito del gestore del locale garantire un comportamento civile e rispettoso all'interno del suo esercizio.

In molti casi, avvicinarsi al banco bar o rivolgersi a una persona della security può essere sufficiente per ridurre il rischio senza destare troppo clamore. Se vi rendete conto che il locale è comunque insicuro e frequentato da persone di dubbia serietà, la cosa più saggia da fare è andare via da quel posto (segnalando eventualmente il disappunto al gestore) senza polemiche o scenate: non ne vale la pena.

Quando uscite dal locale, dovrete prestare molta attenzione a non essere seguite. Se vi trovate in luoghi affollati e succede che qualcuno si comporti in modo provocatorio cercando il litigio o un pretesto per attaccar briga, il comportamento migliore da tenere per la sicurezza personale e quella dei vostri amici è *cercare di passare inosservati e non fare commenti a voce alta* su quanto sta accadendo. Se purtroppo restate coinvolte in una rissa, dovrete stare molto attente a non cadere e non essere trascinate per terra; infatti, una volta in terra, anche se conoscete le tecniche di autodifesa di seguito descritte, è molto difficile riuscire a difendersi se più persone vi circondano e tentano di calpestarvi o prendervi a calci. In questo caso il rischio di riportare lesioni molto gravi è sicuramente elevato.

5) Tecniche di autodifesa applicabili.
Nel caso di tentativo di furto, trovandosi in luogo pubblico e frequentato da tanta gente, mettersi a gridare contro il malintenzionato colto con le mani nel sacco ha un effetto deterrente, attira l'attenzione delle persone nei paraggi e quindi rende difficile al ladruncolo proseguire nel suo intento. Se si è vittima di un'aggressione fisica, è necessario *sapersi divincolare dalle prese o dai bloccaggi ai polsi, al collo e al corpo.* I movimenti di liberazione devono essere rapidi, fluidi e sicuri in modo che l'aggressore non possa prevedere un'immediata reazione di difesa da parte della vittima; queste tecniche saranno ampiamente spiegate nelle prossime pagine.

In casi gravi, l'utilizzo della bomboletta spray al peperoncino naturale (quelle di tipo legale) può essere una valida soluzione di autodifesa ma va impiegata solo dopo aver imparato bene a utilizzarla; è molto meno invasiva di altre soluzioni e garantisce ottime probabilità di successo.

Eventuali oggetti a portata di mano della vittima possono essere d'aiuto nella difesa contro l'aggressore (un bicchiere di vetro, una bottiglia, una sedia, una borsetta, un mazzo di chiavi, un piatto, un posacenere...). Nei casi più gravi si ricorre alle dita negli occhi, ai colpi a mano aperta sulle orecchie; il lancio di una bevanda alcolica sul volto provoca smarrimento nell'avversario perché l'alcool negli occhi brucia moltissimo e impedisce di tenerli aperti.

È importante che *la vostra reazione sia sempre giustificabile come difesa immediata, proporzionata all'offesa e applicata con il solo scopo di consentirvi di scappare* dall'aggressore e rifugiarvi in un luogo sicuro.

Sulla base di questo schema suddiviso in cinque punti, potrete valutare anche altri ambienti e situazioni diversi. È importante ritagliarsi il tempo per riflettere prima sui possibili rischi e sui fondamenti della prevenzione perché poi, di fronte al pericolo improvviso, potrebbe essere troppo tardi per farlo.

SEGRETO n. 3: nel considerare un'eventuale aggressione, cercate di inquadrare la tipologia dell'ambiente, i potenziali rischi, le difese passive e le difese attive da mettere in atto, le vie di fuga, il comportamento da assumere in caso di necessità, le possibili tecniche di autodifesa.

Le norme legali
Nella giungla delle varie leggi, testi unici, normative, regolamentazioni, sentenze, è molto facile rischiare di eccedere negli approfondimenti e perdere di vista i concetti fondamentali; per questo motivo ora vedremo solo gli articoli previsti dal Codice Penale da conoscere nel caso di difesa personale.

Il primo principio è quello della *legittima difesa* trattato in maniera dettagliata nell'art. 52 del Codice Penale: «Non è punibile chi ha commesso il fatto, per esservi stato costretto dalla necessità di difendere un diritto proprio o altrui contro il pericolo attuale di un'offesa ingiusta, sempre che la difesa sia proporzionata all'offesa».

La legge italiana vieta in modo assoluto al singolo cittadino di fare giustizia da sé e di utilizzare la forza per far valere i propri diritti; infatti specifica "**Non è punibile....**" e non dice "E' un diritto reagire..." Alla luce del citato articolo, è quindi possibile reagire nella legalità, e quindi appellarsi alla legittima difesa, solo quando si verificano contemporaneamente le seguenti tre condizioni:

1) Esiste un'aggressione ingiusta reale e contestuale. L'aggressione deve essere effettuata da una o più persone, in modo ingiustificato, senza alcuna motivazione autorizzata dalla legge e costituire un **reale pericolo immediato** (non passato e nemmeno futuro). Se l'aggressione ingiusta, reale e contestuale non è rivolta a voi stesse ma a un vostro familiare, a una persona amica o anche a terzi con cui non avete rapporti diretti, potrete comunque intervenire a difesa del malcapitato qualora sussistano le condizioni di pericolo immediato e di inevitabilità della reazione fisica.

2) Esiste la necessità di difendersi e non è possibile fare altrimenti. Questo aspetto è legato strettamente al tipo di pericolo che si ha di fronte. Se l'avversario non è comunque pericoloso, non si può reagire in modo violento e devastante perché verrebbe

meno il presupposto del rischio e dell'emergenza. Se si ha la possibilità di fuggire o ricorrere ad altro espediente non cruento che permetta di evitare la reazione difensiva, si dovrà scegliere il sistema più sicuro che consenta di risolvere il caso senza l'uso della violenza.

3) La difesa deve essere sempre proporzionata all'offesa. Una persona forte e robusta non può difendersi in modo troppo energico dall'aggressione di una persona più debole ma deve cercare di limitare i danni proporzionando la sua difesa al reale attacco ricevuto. Nel nostro caso, trattandosi di autodifesa femminile, solitamente si presume che se l'aggressore è un uomo, la ragazza o la donna che si difendono siano in uno stato di debolezza fisica e quindi sia più difficile ipotizzare per loro la condizione di **eccesso di difesa colposo**. Il 24 gennaio 2006 è stato aggiunto all'art. 52 del c.p. un comma che stabilisce la *presunzione di proporzione tra difesa e offesa* se la reazione di difesa avviene durante la commissione di delitti di violazione del domicilio (o nell'esercizio di attività economiche) e in presenza di un pericolo di aggressione fisica.

La conseguenza immediata, in caso di colluttazione, è il fatto di provocare delle lesioni più o meno gravi all'avversario. Nei prossimi capitoli verranno esaminate situazioni diverse e i modi per colpire l'aggressore sia con le mani che con i piedi; diventa quindi importante sapere quanto stabilito dal Codice Penale in materia di lesioni personali.

L'art. 581 definisce le lesioni più leggere come *percosse*. Queste consistono in uno o più colpi che non causano una malattia a livello fisico o psichico e sono punibili solo a querela della persona offesa.

Negli articoli 582 – 583 il Codice Penale introduce il concetto di *lesioni personali* quando i colpi provocano una malattia nel corpo o nella mente. Le lesioni personali, a loro volta, possono essere considerate:
- *lievissime*: quando sono guaribili entro i 20 giorni (in base al referto medico), perseguibili a querela di parte e punibili con la reclusione da tre mesi a tre anni.
- *lievi*: quando sono guaribili da 21 a 40 giorni (in base al referto medico), perseguibili d'ufficio dall'autorità giudiziaria e punibili con la reclusione da tre mesi a tre anni.

- *gravi*: quando le conseguenze provocano una malattia che mette in pericolo di vita l'aggredito o l'incapacità di svolgere le ordinarie occupazioni per più di 40 giorni, oppure comportano una menomazione permanente. Sono perseguibili d'ufficio e punibili con la reclusione da tre a sette anni.
- *gravissime*: quando le conseguenze provocano una malattia permanente, mutilazione, perdita di un organo o di un senso, perdita della capacità di procreare, sfregio al volto. Sono perseguibili d'ufficio e punibili con la reclusione da sei a dodici anni.

A quanto riportato può essere aggiunta l'eventuale aggravante di **omissione di soccorso** se, dopo esservi difese in modo deciso e aver provocato delle lesioni più o meno gravi, abbandonate l'avversario al suo destino senza badare alla sua salute. Però non arrischiatevi a soccorrere voi stesse l'aggressore dopo essere state costrette alla difesa ma fate in modo di coinvolgere altre persone lasciando che siano loro a intervenire per prevenire possibili finte o reazioni dell'aggressore nei vostri confronti.

Pertanto, in caso di aggressione e di una reazione difensiva è buona norma scappare subito per mettervi in salvo ma, immediatamente dopo, contattare la polizia e denunciare il fatto onde evitare di passare dalla ragione al torto, avendo provocato lesioni all'aggressore con una corretta ma inevitabile reazione difensiva.

SEGRETO n. 4: nel caso in cui una donna si difenda da un aggressore uomo, si presume che esista la proporzione tra difesa e offesa dal momento che solitamente un uomo ha una maggior forza fisica ed è potenzialmente più pericoloso di una donna.

I pregiudizi da superare (un po' di autostima!)
Spesso mi sento dire che una donna di fronte a un uomo grande e grosso, magari "palestrato", non ha molte vie di scampo. Personalmente non sono d'accordo con questa opinione a partire dalla mia diretta esperienza.

All'età di vent'anni praticavo sollevamento pesi in una storica e pluridecorata società di Verona; facevo parte della squadra degli agonisti ed ero fisicamente molto forte e allenato. All'epoca non praticavo arti marziali e nessun tipo di sport da combattimento.

Un giorno ho visto una pubblicità murale e ho deciso di iscrivermi, per curiosità, a un corso di difesa personale organizzato in una palestra privata dove si praticavano arti marziali. Alla terza lezione il maestro mi mise di fronte una ragazza di diciannove anni che frequentava quella palestra da tre anni e ci disse di iniziare a combattere; avevamo i guantoni e dei paracolpi a protezione delle gambe in modo da poterci colpire liberamente come in una vera zuffa metropolitana senza farci eccessivamente male.

Fisicamente ero molto più forte di lei ma non conoscevo le tecniche e non avevo alcuna esperienza specifica di combattimento. Mi sentivo molto sicuro della mia forza e subito ho cercato di prenderla e bloccarla a terra ma la ragazza sapeva divincolarsi molto bene e sapeva come applicare le leve articolari. Ho pensato quindi di costringerla in un angolo per colpirla con pugni e calci ma lei era in grado di schivarli e pararli; si sapeva muovere molto più agilmente di me (avendo meno massa muscolare) ma soprattutto conosceva le tecniche della boxe e aveva una buona abilità nei calci.

Insomma, a terra ci sono finito più volte io e, se il maestro non avesse interrotto il combattimento dopo qualche minuto, quella ragazza più giovane e "debole" di me sarebbe riuscita a farmi veramente male. Mi sono reso conto di essere stato usato per mettere alla prova le capacità della ragazza e darle la possibilità di confrontarsi con un avversario fisicamente forte e determinato ma nulla più. E si era difesa in modo egregio!

Questa esperienza per me è stata illuminante perché ho capito che la forza e la prestanza fisica contano poco se non si conoscono le tecniche di combattimento. Da quel giorno ho cambiato opinione e i miei criteri di valutazione e, dopo un anno, ho abbandonato il sollevamento pesi ma non ho più smesso di praticare le arti marziali. Ovviamente, se allora avessi avuto le conoscenze e l'esperienza di oggi, l'esito di quel match sarebbe stato ben diverso; bisogna dire che a parità di abilità e di conoscenze tecniche, la preparazione atletica e la forza fisica diventano determinanti!

Penso che l'opinione comune che definisce genericamente la donna come indifesa e debole sia soprattutto un condizionamento culturale dal momento che molte donne ogni giorno svolgono anche attività pesanti, che richiedono carattere, sforzo fisico e una forte volontà. Dal mio punto di vista la differenza da colmare non risiede nella forza fisica ma nelle naturali esperienze che i maschi fanno sin da piccoli: quale bambino non si è mai azzuffato con i compagni almeno una volta a scuola, al parco giochi o al campetto di calcio?

Una donna ha una propria massa fisica, una discreta muscolatura, una flessibilità e un'agilità mediamente superiori a quelle maschili; è quindi perfettamente in grado di affrontare una situazione di pericolo e sostenere una breve colluttazione a condizione che sia psicologicamente e tecnicamente pronta a farlo.

La convinzione di potercela fare e le tecniche a lungo esercitate sono stati gli elementi che hanno permesso a quella ragazza di difendersi e di contrattaccare senza paura. Quell'esperienza e quella lezione di umiltà mi hanno insegnato a non sottovalutare mai la persona da affrontare, chiunque essa sia, nonostante le apparenze e i preconcetti.

Pertanto, a tutte le ragazze e alle donne che si chiedono se saranno mai in grado di difendersi in caso di aggressione rispondo che sarà possibile solo a condizione che lo vogliano realmente. Questo significa impegnare del tempo libero, fare dei sacrifici, studiare, frequentare dei corsi specifici e soprattutto cambiare atteggiamento mentale, cercare di vedere e valutare le situazioni in un modo diverso.

Il fatto di provare paura di fronte a un pericolo è comprensibile e normale. La saggezza della natura ha demandato al nostro cervello, in particolare all'amigdala, la funzione di interpretare gli eventi e scatenare le emozioni primordiali come la rabbia e la paura, che fanno parte del cosiddetto istinto di conservazione. Chi afferma quindi di non provare paura in una situazione di pericolo o sostiene il falso oppure è affetto da qualche patologia. La paura è un sentimento sano che nei millenni ha permesso la sopravvivenza del genere umano: guai se non si provasse paura!

Nel momento in cui avvertite il senso di paura, il vostro corpo si prepara immediatamente all'azione mettendo in circolo una scarica di adrenalina, un ormone prodotto dalle ghiandole surrenali con effetti positivi per chi si prepara a combattere: aumenta la pressione arteriosa, diminuisce il senso di fatica e la sensibilità al dolore fisico, il sangue defluisce dai capillari e si concentra all'interno del corpo (ecco perché il volto diventa pallido), le pupille si dilatano e i muscoli sono pronti a rendere il massimo delle loro capacità.

Quello che dovrete cambiare è l'atteggiamento da assumere di fronte a una situazione di pericolo e a una naturale sensazione di paura: se lasciate che questa prenda il sopravvento sulla razionalità, diventate vittime del terrore con la conseguenza più evidente di rimanere bloccate, con le gambe tremolanti e senza nemmeno il coraggio o la forza di scappare o gridare. Se invece considerate la sensazione di paura come un sano campanello di allarme che, controllando con la ragione il vostro istinto vi aiuterà a gestire la situazione con sicurezza e padronanza, avrete dimostrato sangue freddo e coraggio. Alle donne di oggi certamente il coraggio e l'intraprendenza non mancano; dal punto di vista dell'autodifesa questi fattori vanno solo educati perché spesso rimangono inespressi.

Nei miei corsi serali di difesa personale, osservo i progressi delle mie allieve quando cambiano atteggiamento mentale: diventano più sicure di se stesse, delle loro possibilità e capacità, imparano a destreggiarsi in situazioni sempre più anomale e difficili e sono in grado di affrontare situazioni di pericolo via via più complesse, mostrandosi veloci, abili e anche molto pericolose.

Questa consapevolezza e sicurezza, per risultare reali, devono trasparire anche nell'atteggiamento esteriore: il portamento deve essere eretto, le spalle dritte e il passo sicuro, elastico e deciso. La stabilità del corpo dipende da come gestite il vostro baricentro che si trova qualche centimetro sotto l'ombelico. Il bacino deve essere tenuto in avanti in modo che il baricentro sia ben posizionato per mantenere il corpo solido ed equilibrato. La sicurezza si nota anche dai movimenti, che devono essere naturali e non lasciare trasparire tensione o paura, e dal volto disteso, sorridente, con lo sguardo alto.

Se il vostro atteggiamento esteriore è quello di chi ha paura o teme che qualcuno possa fargli del male, ci sono buone probabilità che anche il delinquente meno esperto se ne accorga e che voi diventiate la sua vittima; dimostrate forza, decisione, sicurezza nelle vostre capacità e sarete realmente più forti e sicure. Un corretto atteggiamento esteriore è infine un'ottima difesa attiva perché sarete diventate evidentemente un obiettivo troppo difficile per l'aggressore, costretto a desistere prima ancora di cominciare e, purtroppo, a cercare un'altra vittima più debole e apparentemente più facile da attaccare.

Infine, non rimanete mai in silenzio e impietrite se qualcuno vi dovesse fermare o minacciare ma imparate a interagire dimostrandogli così che non lo temete, che non volete guai ma che siete preparate ad affrontare la situazione e a non subire passivamente alcuna violenza o sopruso.

In molti casi il fatto di parlare con sicurezza e fermezza fa capire all'avversario che forse ha sbagliato soggetto e che gli conviene desistere; nel peggiore dei casi questo dialogo vi permetterà di guadagnare tempo per organizzare meglio la difesa (vedi guardie nascoste) e una possibile reazione.

SEGRETO n. 5: nella difesa personale la minor forza fisica della donna rispetto a quella di un uomo non è penalizzante se la donna è psicologicamente preparata, se conosce le tecniche difensive e se ha il coraggio di metterle in pratica.

RIEPILOGO DEL GIORNO 1:

- SEGRETO n. 1: abituatevi a valutare la situazione in base alla sua effettiva pericolosità utilizzando la regola del triage e applicando le indicazioni del codice colore (bianco-verde-giallo-rosso).
- SEGRETO n. 2: fate in modo che in ogni momento le vostre difese passive e attive siano commisurate al livello di triage che avete attribuito alla situazione che state vivendo.
- SEGRETO n. 3: nel considerare un'eventuale aggressione cercate di inquadrare la tipologia dell'ambiente in cui vi trovate, i potenziali rischi, le difese passive e attive da mettere in atto, le vie di fuga, il comportamento da assumere in caso di necessità, le possibili tecniche di autodifesa.
- SEGRETO n. 4: nel caso in cui una donna si difenda da un aggressore uomo, si presume che esista la proporzione tra difesa e offesa dal momento che solitamente un uomo ha maggior forza fisica ed è potenzialmente più pericoloso di una donna.
- SEGRETO n. 5: nella difesa personale la minor forza fisica della donna rispetto a quella di un uomo non è penalizzante se la donna è psicologicamente preparata, se conosce le tecniche difensive e se ha il coraggio di metterle in pratica.

GIORNO 2:
Come prepararsi ad affrontare un'aggressione

Nel secondo giorno vedremo come prepararsi psicologicamente e tecnicamente ad affrontare un possibile caso di aggressione partendo dalla postura che dovrà assumere il corpo a seconda delle circostanze e della situazione. Tratteremo le cosiddette *regole di ingaggio* per capire quando è arrivato il momento opportuno per reagire e quando invece è ancora possibile evitare lo scontro fisico con il potenziale aggressore. Analizzeremo, infine, i colpi da conoscere e nei quali allenarsi, i punti da colpire e le possibili leve da applicare sul corpo dell'avversario.

Tutti questi argomenti dovranno essere studiati e provati più volte perché saranno la base dei giorni successivi: diventa quindi essenziale eseguirli con precisione e sicurezza.

Le posizioni di sicurezza e le guardie nascoste
Sapere quale posizione deve assumere il vostro corpo nel

momento di pericolo è la prima cosa che dovrete apprendere perché proprio da queste posizioni di partenza può dipendere il successo o l'insuccesso di una difesa. Tecnicamente, queste posizioni si chiamano *guardie* e ce ne sono di parecchi tipi; noi vedremo solo quelle essenziali, le più appropriate per le donne e quelle che veramente servono nel caso di autodifesa.

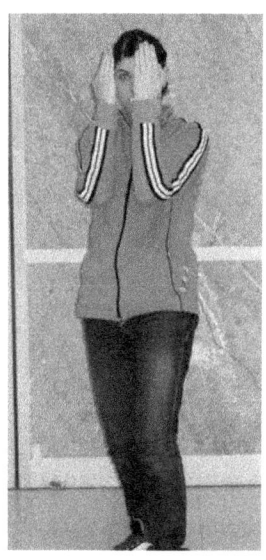

Esaminiamo per prima la **guardia base** (foto 2.001). Le mani vanno sempre tenute aperte di fronte al viso, a protezione della testa, degli occhi, del naso e del mento. Dovreste comunque poter vedere attraverso di esse per controllare le azioni del possibile aggressore.

I gomiti sono tenuti chiusi davanti al torace per proteggere il seno da eventuali colpi dell'avversario.

Non ci si pone mai completamente in posizione frontale rispetto alla controparte, *il corpo è parzialmente ruotato verso destra* (o verso sinistra) e quindi *la relativa gamba va portata avanti* rispetto all'altra. Quella della foto è una guardia sinistra perché la gamba sinistra è più avanti rispetto alla destra. Ecco quindi come ci si deve porre davanti all'avversario.

La distanza da tenere è molto importante (foto 2.002) e dovrete essere pronte a reagire con le tecniche che vedremo meglio in seguito.

Nel caso ipotetico di un'azione da parte dell'avversario (ad esempio un pugno), dovrete essere *pronte a spostare leggermente di lato il capo e il busto*, schivando il colpo, ma senza mai scoprire la testa con le mani (foto 2.003).

In questo caso poi potrete reagire con una controtecnica di pugno o di piede oppure in qualsiasi altro modo riterrete più logico e opportuno.

In questa immagine (foto 2.004) abbiamo riportato un esempio di contrattacco combinato in cui con la mano sinistra si aggancia il polso sinistro dell'aggressore e contemporaneamente si colpisce il suo fianco, a livello delle coste fluttuanti, con il taglio della mano aperta.

Tra le varie guardie, è importante conoscere e studiare le cosiddette *guardie nascoste* che sono state create con lo scopo di consentire a chi deve difendersi di assumere una posizione di guardia e quindi *prepararsi a un eventuale scontro fisico in modo mascherato*. Se, nel momento in cui avete paura di una determinata situazione, vi ponete subito in guardia base (quella che abbiamo appena visto), non farete altro che manifestare apertamente i vostri timori o, addirittura, indurre inconsapevolmente chi avete di fronte ad attaccarvi; la guardia nascosta vi permetterà di assumere una posizione sicura di pronta reazione senza però far capire le vostre intenzioni.

Questa è la **guardia nascosta base** e va provata molto bene davanti a uno specchio in modo che possa apparire una posizione la più naturale possibile.

Apparentemente chi assume tale posizione sembra tenere le *braccia conserte con un atteggiamento sereno* di attenzione e di ascolto (foto 2.005). Di fatto, osservando bene, si può notare che anche qui il corpo è leggermente ruotato verso destra, con la gamba sinistra in avanti come nella guardia sinistra base, e le mani non sono agganciate alle braccia ma sono libere di muoversi per poter immediatamente reagire con una parata o un contrattacco se necessari.

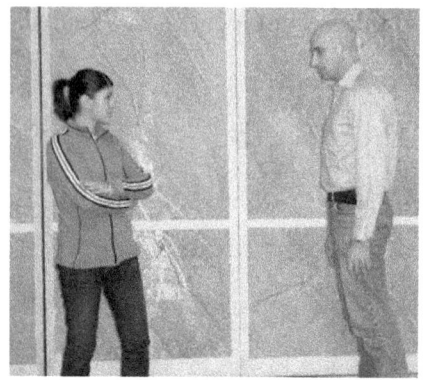

Vediamo un esempio di fronte a un possibile aggressore. La ragazza è in posizione di guardia nascosta base (foto 2.006), pronta a reagire alle azioni impreviste dell'avventore.

Nel momento dell'attacco di pugno, (foto 2.007) *la ragazza para con la propria mano sinistra* che si trova dallo stesso lato del suo piede avanzato e contemporaneamente sposta lievemente il busto per una maggiore sicurezza.

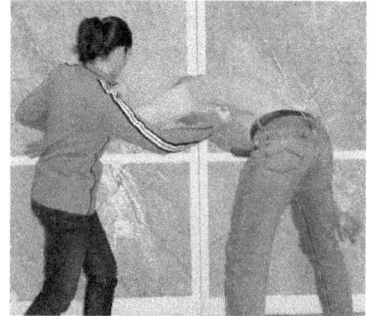

Infine, aggancia il polso avversario (foto 2.008) e, mentre tira il suo braccio verso il basso, *colpisce con un pugno* le costole fluttuanti con la mano destra.

Vediamo ora una variante della guardia nascosta base, molto utile quando si sta discutendo con chi si ha di fronte.

Anche questa posizione deve sembrare più naturale possibile e, rispetto a quella precedente, non si fa che portare sotto al mento la mano corrispondente alla gamba avanzata (foto 2.009).

L'impressione che dovrete trasmettere a chi vi sta di fronte è quella di prestare la massima attenzione a ciò che sta dicendo con un atteggiamento sereno e positivo. In realtà *il mento è solo appena appoggiato e la mano sinistra è libera di muoversi* rapidamente sia per parare che per colpire se necessario.

Vediamo ora un esempio pratico. L'avversario si trova di fronte a voi e temete un suo possibile attacco (foto 2.010); assumete quindi la guardia nascosta e, fingendo di ascoltare, siate pronte a reagire.

L'avversario vi afferra per il polso (se non aveste avuto la mano davanti avrebbe potuto prendervi il collo o colpirvi in viso) e potrebbe colpirvi con l'altra mano (foto 2.011).

A questo punto *portate il vostro polso verso il basso* (foto 2.012) in modo che l'avversario si sbilanci in avanti e non possa colpire né di pugno né di calcio.

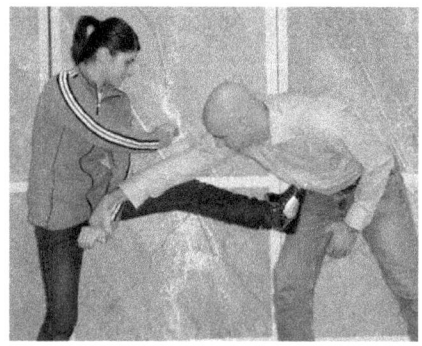
Con il piede della gamba avanti (foto 2.013) *colpitelo con un calcio frontale spinto* sulla parte alta della coscia e, nello stesso tempo, portate in alto il vostro braccio destro.

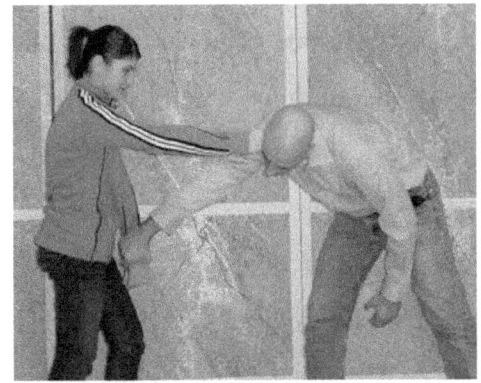

Ora *colpite l'avversario al viso con il pugno destro*, prima che rialzi la testa (foto 2.014) e mantenete l'altra mano in basso.

Ruotate infine il corpo verso destra e con il gomito sinistro *colpite l'avversario alla base del padiglione auricolare* (foto 2.015).

SEGRETO n. 6: la guardia base e le guardie nascoste sono il fondamento per una difesa personale efficace, vanno provate e allenate fino a quando non diventano posizioni naturali.

Le regole di ingaggio prima di arrivare allo scontro

Prima di arrivare al conflitto fisico ricordatevi che i beni più preziosi in assoluto sono la vostra incolumità e quella dei vostri cari. Pertanto, il principio base è che, *se non c'è un rischio fisico grave, non vale la pena entrare in conflitto con l'aggressore*. Se, per esempio, lo scopo dell'aggressore è solo quello di derubarvi, è preferibile consegnargli il denaro che avete ed evitare una colluttazione il cui esito potrebbe essere disastroso per voi.

Infatti, la *prima regola* è quella di *non sottovalutare mai l'avversario*, anche se si presenta fisicamente dimesso e muscolarmente sotto tono; non si può mai sapere se sia armato o se conosca delle tecniche di combattimento tali da essere estremamente pericoloso. In molti casi le minacce di un aggressore restano tali se avete il coraggio di fronteggiare la situazione e non mostrarvi impaurite; se però prendete l'iniziativa di colpirlo per prime, dovrete essere pronte a una probabile violenta reazione.

Dimostrare un atteggiamento sicuro, calmo e per nulla intimorito può far desistere l'aggressore, che solitamente rimane spiazzato da una reazione inaspettata e si domanda come mai la vittima non lo tema e non abbia paura.

La *seconda regola* quindi è *essere collaborative ma allo stesso tempo calme* e non mostrare paura nei suoi confronti. In caso di rapina, ad esempio, fate capire al malvivente che non avete intenzione di reagire e quindi gli consegnerete i soldi, ma solo se rimarrà calmo e non vi farà del male; nel caso in cui provasse a colpirvi o usarvi violenza, invece, gli opporrete la massima resistenza.

Se vi maltratta, otterrà solo l'effetto contrario e non avrete paura a opporvi e a reagire con forza!

Infine, nel caso in cui vi rendiate conto di non avere via di scampo e che la colluttazione è imminente, in base alla *terza regola* dovrete essere voi a *cogliere l'occasione giusta per colpire* con combinazioni di tecniche portate nei punti vitali fino a quando l'avversario non sarà completamente incapace di reagire e di inseguirvi mentre scappate per mettervi al sicuro.

SEGRETO n. 7: non sottovalutate mai l'avversario ma non mostrate paura nei suoi confronti; siate collaborative se non intacca la vostra incolumità ma reagite con decisione e colpitelo per prime se mette a repentaglio la vostra condizione fisica o se usa la violenza.

Ricordatevi che tantissimi malfattori o balordi sono anche abbastanza codardi da preferire come vittime persone deboli e arrendevoli; proprio per questo aggrediscono una ragazza o una donna che è in teoria più indifesa. Se si trovano di fronte a una persona che mostra un atteggiamento e un carattere forte con buona probabilità desisteranno dalle loro intenzioni e andranno in cerca di un soggetto meno grintoso e più arrendevole.

Le tecniche di base: i colpi di mano, gomito, piede e ginocchio
Esaminiamo ora le tecniche dei colpi utilizzati nella maggior parte delle reazioni difensive. Si tratta di tecniche di base da apprendere allenandosi prima lentamente e poi sempre più rapidamente fino a quando i movimenti saranno diventati automatici. Nella difesa personale, i colpi singoli servono a poco e possono solo far irritare ancora di più l'aggressore; *i colpi vanno sempre eseguiti*

in combinazione e reiterati fino a quando l'aggressore sarà in condizione di non poter più nuocere.

Dovrete allenarvi molto, aiutate da un partner o da un istruttore perché sapere esattamente dove colpire (studio dei punti vitali) e come colpire (studio delle tecniche) fa la differenza tra sopravvivere o soccombere. Una colluttazione reale, da strada, non dura mai oltre i 60 secondi; in certi casi è sufficiente anche una pronta reazione perché l'aggressore decida di abbandonare la contesa.

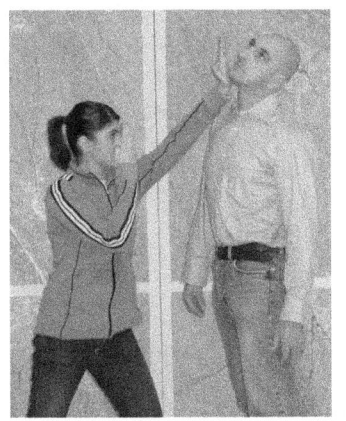

Vediamo ora i principali **colpi di mano**. Il primo viene sferrato a *mano aperta* (foto 2.016) colpendo l'avversario *alla base del mento e spingendo la sua testa verso l'alto e verso sinistra*. È importante mantenere l'altra mano a protezione del proprio viso e il gomito chiuso sul torace a parziale difesa del corpo.

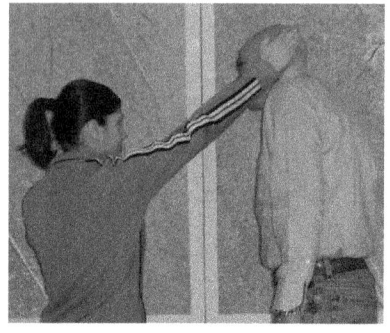

Un'altra tecnica a mano aperta (foto 2.017) consiste nel *colpire il padiglione auricolare con un movimento circolare*; colpo pericoloso che potrebbe lesionare il timpano dell'avversario e fargli perdere l'equilibrio.

Con il dorso della mano aperta è possibile *colpire la sua mandibola* (foto 2.018) e fargli girare di lato anche il mento.

Con questo colpo (foto 2.019),

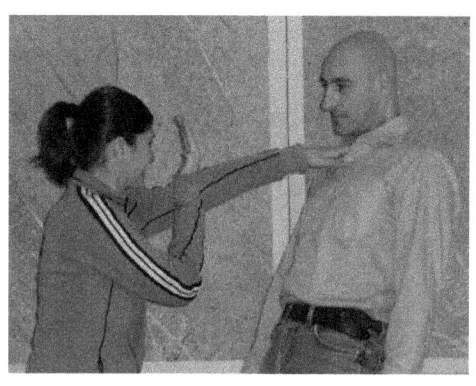

portato *con la punta del dito medio alla gola* (nell'incavo sovrasternale), potrete costringere l'avversario a indietreggiare e allontanarsi dal vostro corpo. La tecnica è molto facile da eseguire, utile in molte situazioni e applicabile soprattutto quando vi trovate in posizioni difficili e scomode.

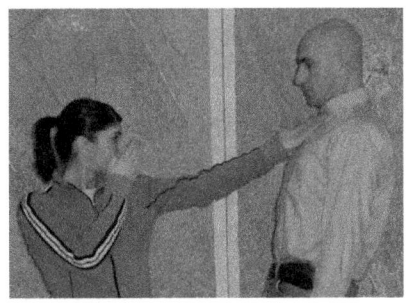

Questa tecnica alla gola, molto simile alla precedente, viene usata soprattutto come colpo diretto (foto 2.020) seguito da una serie di tecniche complementari di calcio o pugno.

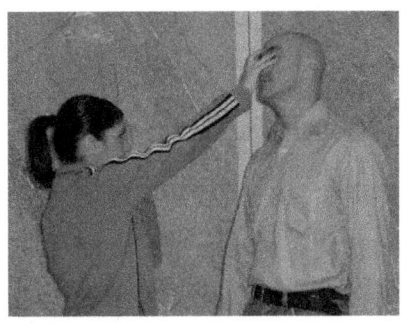

Questa tecnica (foto 2.021) *mira direttamente agli occhi* dell'aggressore e i suoi esiti sono facilmente immaginabili specie se avete l'abitudine di portare le unghie lunghe.

Infine, l'ultima tecnica (foto 2.022) va a *colpire direttamente le ghiandole salivari* e la gola dell'aggressore; deve essere eseguita in rapida successione con altri colpi al corpo.

Vediamo ora alcuni **colpi portati con il gomito**.

L'uso del gomito è veramente molto efficace quando vi trovate vicine all'aggressore; inoltre la potenza del colpo è tale che non è

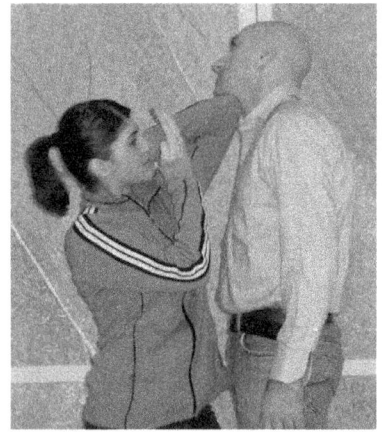

necessaria una grande forza e il segreto consiste soprattutto nella precisione del colpo stesso.

Il colpo (foto 2.023) è portato *dal basso verso l'alto e colpisce il mento*; l'altra mano va sempre a protezione del viso.

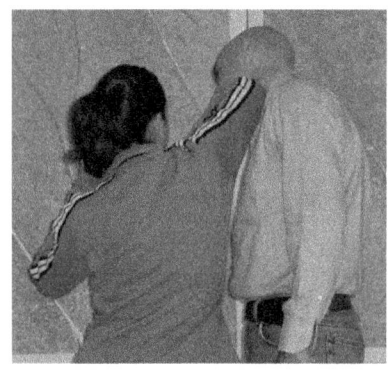

In questa seconda tecnica, il colpo di gomito è portato con un *movimento circolare* (foto 2.024) dall'esterno verso l'interno e il bersaglio da colpire è sempre la testa dell'avversario.

Vediamo ora altri colpi di gomito in situazioni abbastanza particolari. Il prossimo si utilizza se l'aggressore si avventa sul vostro corpo agganciandolo a livello della cintura oppure quando, per qualche motivo, vi trovate in una posizione più elevata rispetto alla testa del contendente.

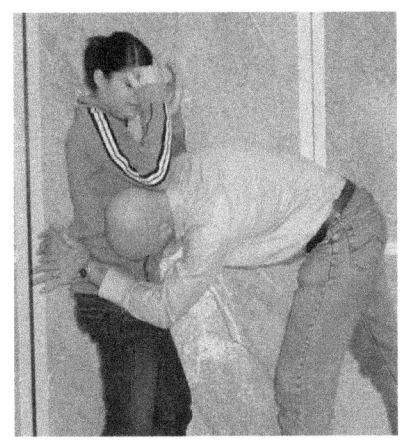

Il gomito scende verticalmente, dall'alto verso il basso (foto 2.025) e va a *colpire esattamente la nuca dell'aggressore a livello del cervelletto*. È consigliabile far seguire a questo colpo anche delle altre tecniche di ginocchio o di calcio (che vedremo in seguito) perché è sempre valido il principio in base al quale un solo colpo non è sufficiente a garantirvi la sicurezza.

In questo caso (foto 2.026) il gomito va a *colpire il costato dell'aggressore* e la tecnica non è portata solo con il braccio ma con *tutto il corpo che si spinge contro quello dell'aggressore* in modo che la spinta e la potenza applicata risultino più elevate.

Anche qui, la vostra mano libera va a protezione del viso e a controllare il braccio sinistro dell'avversario.

In quest'ultima tecnica di gomito (foto 2.027) è il vostro corpo ad abbassarsi quanto basta per schivare un colpo alto e, contemporaneamente, a ruotare per *colpire le coste fluttuanti dell'avversario*. L'altra mano ripara la testa e guida il suo braccio al di sopra del vostro corpo.

Passiamo ora a vedere i **colpi portati con il piede** che sono estremamente importanti ed efficaci nella difesa personale. Innanzitutto il **calcio da difesa** (contrariamente a quello da combattimento sportivo) non viene quasi mai portato al di sopra della cintura dell'avversario. Alzare troppo il piede vi metterebbe a rischio e l'aggressore sarebbe facilitato nella difesa; inoltre sareste troppo lente nel colpo e quindi molto più prevedibili e intercettabili.

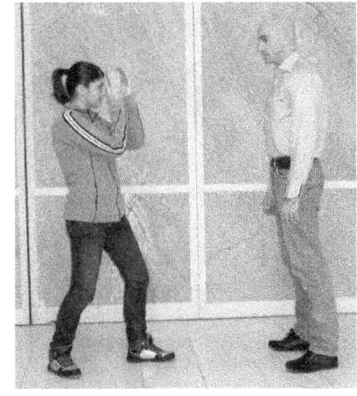

Questa è la posizione di partenza (foto 2.028): siete di fronte all'avversario e assumete la posizione di guardia base.

Lo scopo è quello di *evitare che l'avversario si avvicini troppo a voi* e abbia la possibilità di catturarvi o di colpirvi.

Con la gamba avanti (foto 2.029) intercettate il suo passo e *colpitelo spingendo con la pianta del piede*.

L'importante è che il vostro corpo non si sbilanci indietro nel momento dell'impatto altrimenti il colpo perde di potenza.

In questo esempio (foto 2.030) fate un grave errore perché *rischiate di cadere rovinosamente all'indietro*: non c'è potenza e l'avversario non accusa il colpo.

Ecco un altro esempio di calcio frontale (foto 2.031) portato correttamente, con la giusta spinta in avanti. Le mani restano sempre sollevate a protezione del viso e i gomiti sono chiusi sul torace a protezione del seno.

In questa sequenza (foto 2.032 e Foto 2.033) si vede come allontanare da sé l'aggressore con un calcio spinto.

In quest'ultima immagine (foto 2.034) si intuisce cosa potrebbe succedere se il vostro corpo fosse troppo lontano e sbilanciato indietro; non subendo il colpo, l'avversario potrebbe reagire facilmente.

Questo calcio (foto 2.035) è portato con il piede dietro e quindi è più potente rispetto a quello portato con il piede avanzato. Si utilizza quando la distanza tra voi e l'aggressore è più ampia e disponete di un maggior spazio d'azione.

In questo caso (foto 2.036) il calcio è circolare e mira a *colpire all'altezza del ginocchio avversario*. Lo scopo è quello di danneggiare l'articolazione in modo

da impedire l'inseguimento nel momento in cui scapperete via.

Lo stesso colpo circolare può essere portato *a livello della caviglia dell'avversario* (foto 2.037) per creare uno sbilanciamento laterale; questa non è una tecnica facile e deve essere eseguita quando l'aggressore solleva il piede per fare il passo.

Infine, un altro calcio molto efficace è quello portato con il *taglio del piede* (foto 2.038) *appena sotto il ginocchio avversario*. I danni che si possono provocare sono evidenti: danneggiamento dell'articolazione e, se si colpisce ancora più in basso, compromissione della tibia.
Anche in questo caso, lo scopo è di rendere impossibile un eventuale inseguimento mentre scappate dal luogo dell'aggressione.

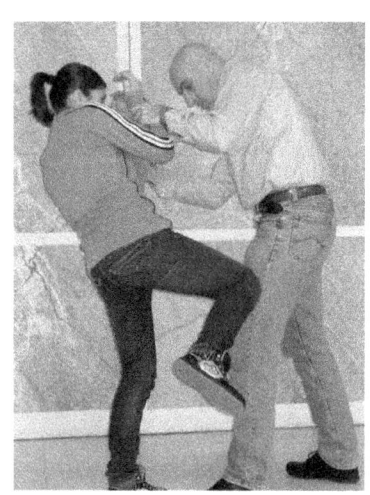
Vediamo ora alcuni semplici **colpi di ginocchio**. Queste sono tecniche pericolose che, se eseguite correttamente, si rivelano molto efficaci e potenti.
La prima tecnica (foto 2.039) è eseguita con un *movimento circolare che colpisce la coscia* dell'aggressore; tutto il corpo deve partecipare all'azione e dovrete fare

attenzione, anche in questo caso, a non sbilanciarvi troppo all'indietro con la schiena.

In questo colpo (foto 2.040) la ginocchiata è frontale, *portata a livello del diaframma* dell'avversario. Perché funzioni, le due mani devono avvolgere la nuca dell'aggressore e tirare insieme verso il basso, facendo forza con il peso del corpo. La pressione verso il basso deve gravare a livello delle vertebre cervicali e non sui muscoli trapezi che sono molto più forti.

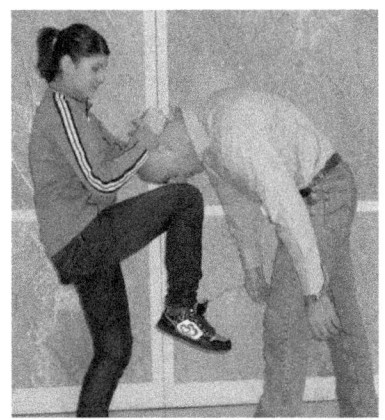

Se lo spazio è maggiore (foto 2.041) il colpo può essere portato con grande efficacia direttamente al viso.

SEGRETO n. 8: lo studio dei colpi di mano, di gomito, dei calci e delle ginocchiate è fondamentale in qualsiasi colluttazione fisica ma ancora più importante è la loro precisione sui punti anatomici presi a bersaglio.

Esistono molte altre tecniche ma quelle indicate sono più che sufficienti per un'autodifesa femminile efficace e sicura.

SEGRETO n. 9: l'esecuzione delle tecniche descritte deve diventare il più possibile automatica: dovrete imparare a eseguirle muovendovi con naturalezza, senza irrigidire i muscoli e senza pensare al singolo colpo ma alla combinazione di più tecniche in rapida sequenza.

Le tecniche avanzate: i punti dolorosi, le leve articolari
La conoscenza dei punti anatomici dolorosi e delle possibili leve articolari applicabili sul corpo umano è essenziale ai fini di un'autodifesa efficace e sicura. Nel caso della difesa personale femminile, qualsiasi tecnica che richieda l'uso della forza è sconsigliata e quindi, a maggior ragione, lo studio delle leve articolari applicate ai punti dolorosi diventa imprescindibile.

Nelle prossime pagine di questo manuale esamineremo insieme molte applicazioni pratiche ed esempi sul loro utilizzo.

Per prima cosa vediamo i **principali punti dolorosi**.

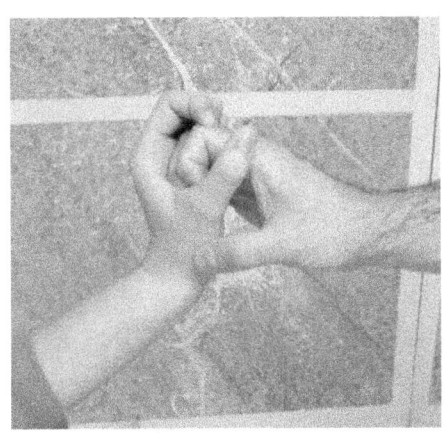

Il primo (foto 2.042) riguarda le *dita* e lo schiacciamento esercitato sulle *falangi*: la pressione deve avvenire tra la punta del dito a livello dell'unghia da una parte e l'articolazione tra la falange e la falangina dall'altra. Con questa tecnica si riesce a far aprire la mano anche a una persona molto forte perché il dolore che si provoca è elevato.

Un altro importante punto doloroso (foto 2.043) è situato nella parte muscolare tra la *base del pollice* e il resto del *metacarpo*.

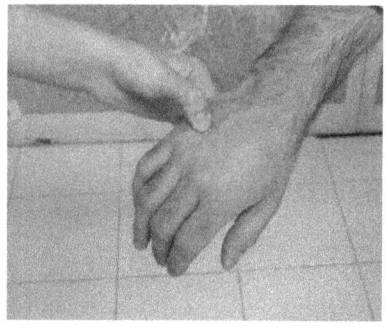
Analogamente, sempre nel metacarpo ma *in corrispondenza del dito mignolo* (foto 2.044), si trova facilmente un altro punto doloroso alla compressione.

Anche l'azione di *divaricare e torcere* le dita provoca ovviamente dolore (foto 2.045) e questo sistema viene usato per costringere l'aggressore ad aprire la mano o a lasciare una presa.

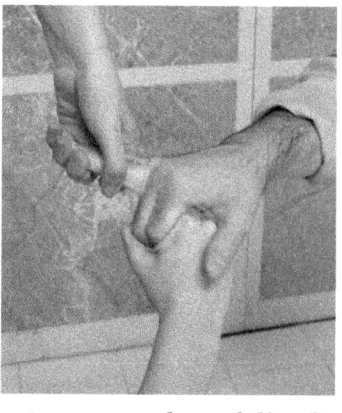

La *torsione completa delle dita raggruppate insieme* (foto 2.046) provoca un dolore che non è localizzato solo alla mano ma si estende anche al polso; questa tecnica viene utilizzata in combinazione con altre leve al braccio o a supporto di tecniche al corpo.

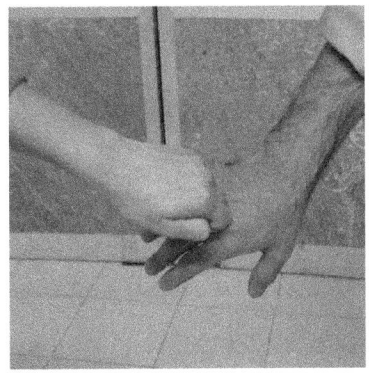
Un colpo percosso con le nocche sul *dorso* della mano dell'avversario (foto 2.047) provoca la reazione automatica di aprirla. Più la sua mano è stretta e chiusa, maggiore è la sensazione di dolore a seguito della percussione.

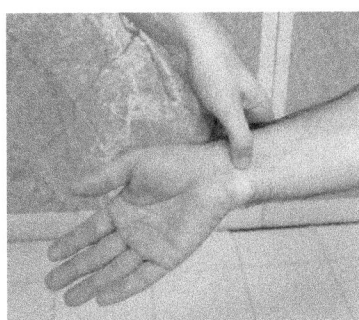
Passando all'*interno del polso* (foto 2.048) la pressione sul punto indicato crea un dolore all'avversario che indebolisce un'eventuale presa.

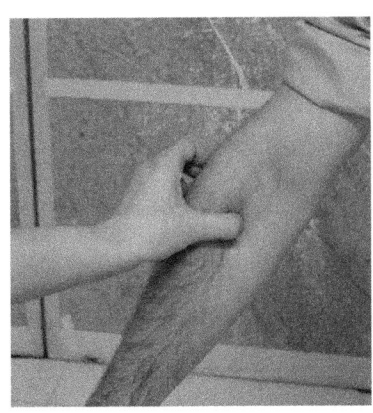
Un altro punto critico è l'*avambraccio* che, se compresso (foto 2.049) nell'intersezione tra le due fasce muscolari principali, provoca dolore; l'azione sarà molto più efficace nel momento in cui si andranno a schiacciare i tendini, in

particolare il lacerto.

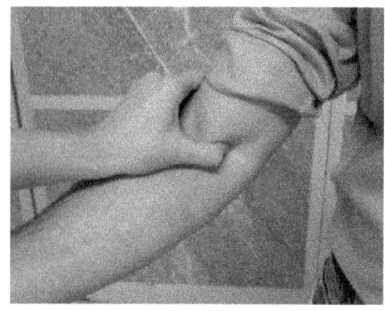

Infine, la pressione sui *tendini del bicipite* che si saldano all'interno del gomito (foto 2.050) e l'azione di pizzicarli e "strapparli" verso l'alto provoca un senso di dolore e fastidio che costringe l'aggressore a lasciare la presa.

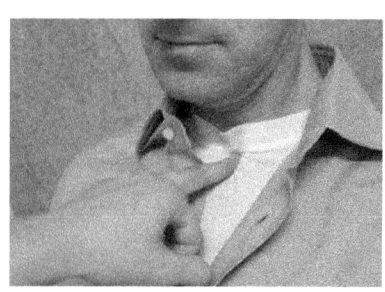

Sulla base del collo, nell'*incavo sovrasternale* (foto 2.051) si trova un importante punto doloroso, cui si è accennato in una tecnica descritta in precedenza, la pressione di questo punto crea un senso di soffocamento e costringe l'avversario a indietreggiare.

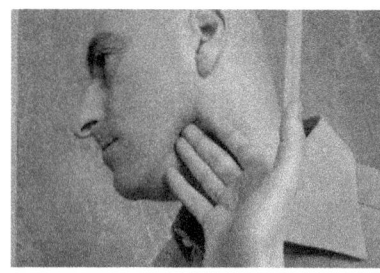

Un altro punto doloroso alla compressione (foto 2.052) si trova *sotto la mandibola*, in corrispondenza delle ghiandole salivari.

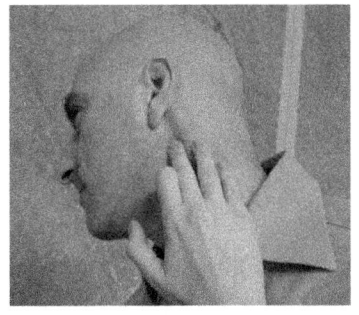

Rimanendo nelle vicinanze del punto precedente, (foto 2.053) una forte pressione a livello delle *parotidi e dell'articolazione della mandibola* è molto efficace.

Anche un colpo portato con il dorso della mano (foto 2.054) può essere debilitante, specie se provoca la rotazione della testa dell'avversario o se *scardina la mandibola bloccando l'articolazione della bocca*.

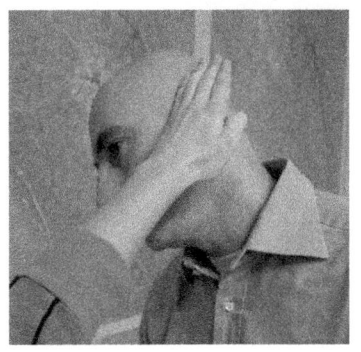

Infine, un colpo alla *tempia* portato con il taglio della mano (foto 2.055) è molto efficace e può essere pericoloso per chi lo subisce.

Il colpo al *mento* è un classico ed è a tutti nota la sua pericolosità; ci sono però colpi di vario tipo che possono avere esiti differenti in base all'inclinazione della mano e alla direzione della forza impressa.

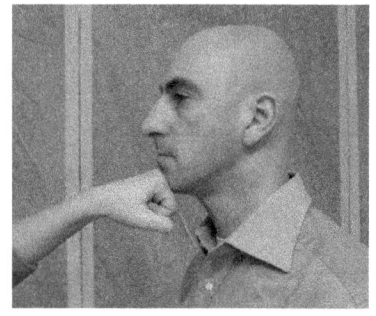

Nell'immagine (foto 2.056) il colpo è frontale, può provocare danni all'articolazione della mandibola e, se si colpisce vicino alla bocca, anche la lesione del labbro inferiore.

In questa seconda immagine (foto 2.057), invece, il colpo al mento arriva dal basso verso l'alto con un'inclinazione di circa 45°. Tale tecnica, oltre a creare danni all'articolazione mandibolare, può far battere tra loro i denti danneggiandoli.

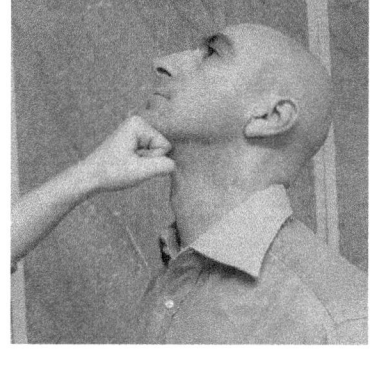

La rotazione della testa verso l'alto può provocare il classico *colpo di frusta* e interessare i centri nervosi con possibile svenimento.

Passiamo ora a esaminare le **principali leve articolari**.

Queste descritte vengono utilizzate frequentemente e pertanto devono essere eseguite con sicurezza e precisione; infatti, una leva articolare non eseguita perfettamente perde molta della sua efficacia. Tutte queste leve sono classiche tecniche di judo, jujiutsu o aikido e hanno nomi diversi a seconda dello stile praticato.

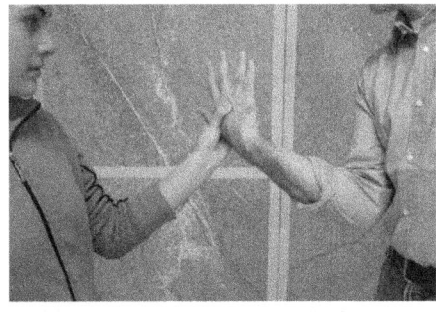

La prima (foto 2.058) si esegue ponendo il *pollice sul dorso della mano* avversaria e, *torcendola verso l'esterno*; provoca un forte dolore al polso e lo sbilanciamento verso l'esterno dell'aggressore.

In questo secondo caso (foto 2.059) il pollice va sul palmo della mano avversaria e la *torsione* viene eseguita *in senso orario*; per logica conseguenza l'aggressore si piegherà in avanti e potrà essere colpito o bloccato con facilità.

Questo tipo di leva articolare è più complesso ma consente sia di bloccare qualsiasi tipo di aggressione che di controllare molto bene l'avversario (foto 2.060). Si esegue *impugnando saldamente il metacarpo e ruotando la mano* facendola avvitare in senso antiorario verso l'alto. L'avversario sarà costretto a sollevare ancora di più il gomito e issarsi in punta di piedi per cercare di alleviare il dolore.

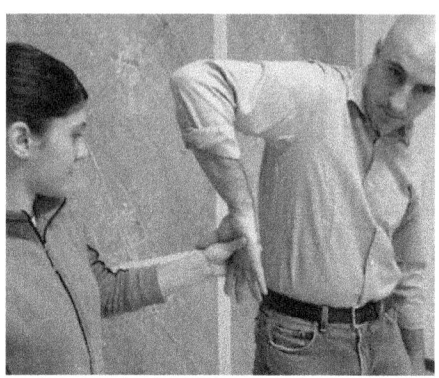

Quest'ultima leva si effettua utilizzando entrambe le mani (foto 2.061): si piega il polso dell'avversario verso di lui e poi si spinge la sua mano verso il basso. Se eseguito in velocità e con decisione,

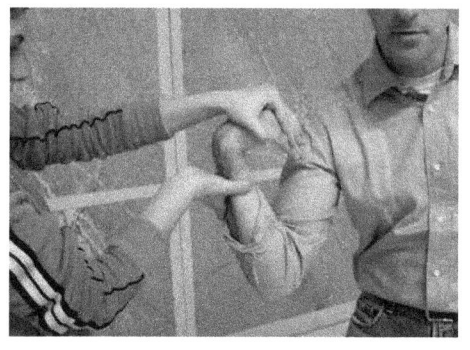

l'aggressore finisce direttamente a terra con la schiena e questo vi permette di colpirlo in modo sicuro per poi fuggire rapidamente.

SEGRETO n. 10: lo studio dei punti dolorosi e la conoscenza delle leve articolari è fondamentale per la difesa personale femminile. Le tecniche offensive non richiedono forza fisica e, se eseguite con maestria e perizia, consentono di neutralizzare aggressori anche molto robusti e prestanti.

Chi conosce le leve ed è in grado di eseguire le tecniche di difesa agendo sulle articolazioni dell'avversario ha certamente un vantaggio in più nei confronti dell'assalitore; devono quindi essere studiate molto bene ed allenate a lungo con pazienza fino a quando non diventeranno naturali.

RIEPILOGO DEL GIORNO 2:

- SEGRETO n. 6: la guardia base e le guardie nascoste sono il fondamento per una difesa personale efficace, vanno provate e allenate fino a quando non diventano posizioni naturali.
- SEGRETO n. 7: non sottovalutate mai l'avversario ma non mostrate paura nei suoi confronti; siate collaborative se non intacca la vostra incolumità ma reagite con decisione e colpitelo per prime se mette a repentaglio la vostra condizione fisica o se usa la violenza.
- SEGRETO n. 8: lo studio dei colpi di mano, di gomito, dei calci e delle ginocchiate è fondamentale in qualsiasi colluttazione fisica ma ancora più importante è la loro precisione sui punti anatomici presi a bersaglio.
- SEGRETO n. 9: l'esecuzione delle tecniche descritte deve diventare il più possibile automatica: dovrete imparare a eseguirle muovendovi con naturalezza, senza irrigidire i muscoli e senza pensare al singolo colpo ma alla combinazione di più tecniche in rapida sequenza.
- SEGRETO n. 10: lo studio dei punti dolorosi e la conoscenza delle leve articolari è fondamentale per la difesa personale femminile. Le tecniche offensive non richiedono forza fisica e, se eseguite con maestria e perizia, consentono di neutralizzare

aggressori molto robusti e prestanti.

GIORNO 3:
Come liberarsi e reagire in caso di aggressione ai polsi

La capacità e l'abilità di liberarsi da qualsiasi presa ai polsi e alle braccia sono imprescindibili per una valida autodifesa femminile. In questo terzo giorno verranno analizzate le principali tipologie di prese e, per ciascuna di esse, verranno spiegate nel dettaglio una o più tecniche di liberazione e contrattacco con un metodo semplificato per facilitarne sia l'apprendimento sia la memorizzazione.

Le tipologie di bloccaggio e le tecniche di liberazione

Esistono varie tipologie e varianti di bloccaggio ai polsi e, di conseguenza, anche varie tecniche di liberazione e contrattacco. Queste possono prevedere come risultato finale sia il bloccaggio definitivo dell'aggressore che una possibile difesa agendo sull'articolazione oppure colpendo la testa o il corpo del soggetto in modo da renderlo inoffensivo.

Per ovvi motivi è stata fatta una selezione delle possibili prese e delle relative tecniche di liberazione: delle prime sono state descritte le più comuni e diffuse; delle seconde, le più semplici ed efficaci, non legate all'impiego della forza fisica. Per semplificarne la descrizione le prese vengono spiegate in un modo ma è possibile eseguirle anche specularmente, ossia sostituendo la destra con la sinistra e viceversa.

Presa ai polsi di tipo 1 e tecniche di liberazione

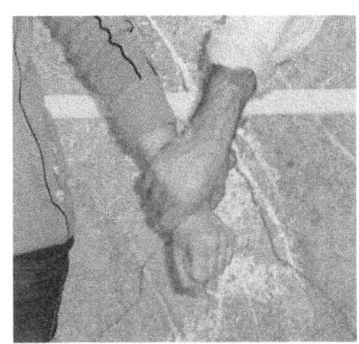

La presa al polso di tipo 1 viene effettuata con la mano destra dell'aggressore sul vostro polso sinistro (foto 3.001), oppure con la mano sinistra sul vostro polso destro.

In entrambi i casi, il pollice della mano dell'aggressore è esterno al vostro corpo. Si tratta di una presa utilizzata dall'aggressore quando affianca la vittima e, trovandosi alla sua sinistra (o destra), l'afferra per trarla a sé o per bloccarla mentre cammina. Spesso di queste aggressioni ci si accorge solo all'ultimo istante, quando ormai è troppo tardi.

L'aggressore affianca la ragazza e la prende al polso con una presa di tipo 1 (foto 3.002).

La difesa si attua ruotando il corpo verso l'aggressore, *prendendo e bloccando la sua mano* (foto 3.003) in modo saldo.

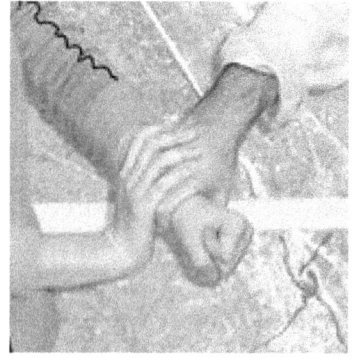

Nel particolare (foto 3.004) potete notare come siano le vostre dita a sovrapporsi a quelle dell'aggressore in modo da impedirgli di abbandonare la presa.

Sovrapponendo il vostro avambraccio a quello avversario (foto 3.005) *esercitate una forte pressione* costringendo l'uomo a piegare le gambe e a cedere verso il basso.

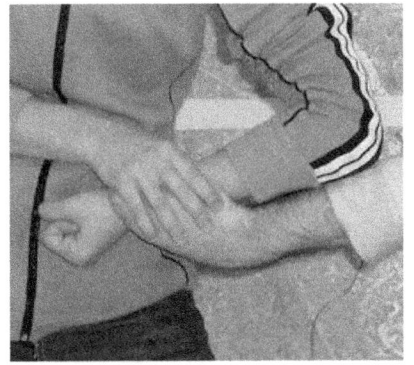

Nel particolare si possono vedere le corrette posizioni da assumere (foto 3.006). È importante continuare a tenere saldamente con la vostra mano quella dell'avversario.

Una possibile conclusione può essere la sequenza di seguito riportata: liberato il polso sinistro, tenendo bloccata la mano e *la leva sul polso dell'avversario* (foto 3.007), *si colpisce il suo viso* con il dorso della mano.

Successivamente, si colpisce con l'avambraccio il gomito dell'avversario facendo forza con il peso di tutto il corpo (foto 3.008). Questo potrebbe provocare la lesione del gomito dell'aggressore rendendo difficile la sua reazione.

Si conclude la difesa (foto 3.009) con un colpo di piede portato al viso dell'avversario e, subito dopo, si approfitta del suo disorientamento per fuggire.

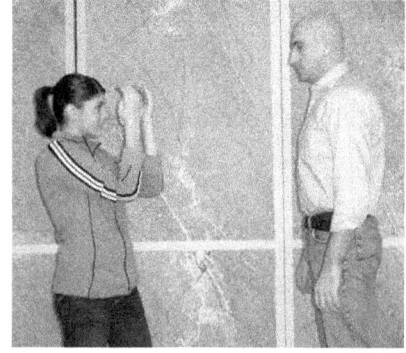

Una *variante* dell'aggressione di tipo 1 è la seguente (foto 3.010): vi trovate in posizione di guardia base e l'avversario è davanti a voi.

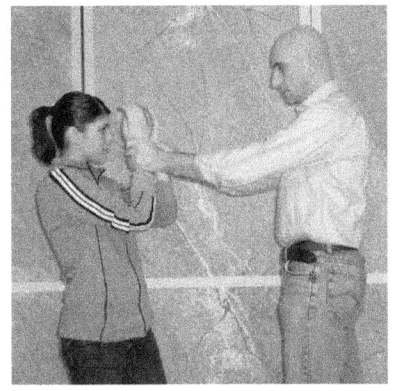

L'aggressore si avvicina e cerca di prendervi o colpirvi (foto 3.011) ma, essendo le vostre mani in alto a protezione del viso, vi afferra e blocca entrambi i polsi.

La prima azione da fare è *ruotare verso il basso il vostro braccio destro* (foto 3.012) e portare l'avambraccio sopra a quello dell'aggressore per poi liberarvi.

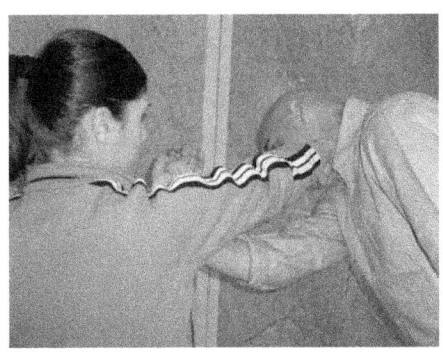

Cogliete subito l'occasione per *colpire violentemente il viso dell'avversario* (foto 3.013) cercando di centrare con la mano la base della mandibola e facendogli ruotare la testa verso destra.

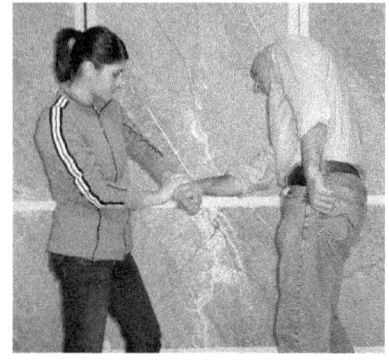
A questo punto abbassate l'altro braccio e con la mano libera bloccate la presa dell'avversario (foto 3.014) come nella Foto 3.004 dell'esempio precedente.

Ora la situazione è la medesima del caso precedente (foto 3.015) e quindi la difesa prosegue come nel caso già visto a partire dalla Foto 3.006.

Presa ai polsi di tipo 2 e varie tecniche di liberazione

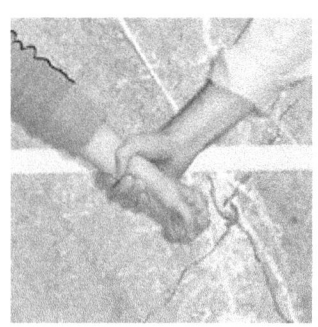
La presa al polso di tipo 2 consiste in una *presa con la mano destra del vostro polso sinistro* (foto 3.016) oppure con la mano sinistra del vostro polso destro. Il pollice della mano dell'aggressore è *interno* al vostro corpo.

Si tratta di una presa che l'avversario effettua ponendosi davanti a voi per trarvi a sé o bloccarvi il passo (foto 3.017). Questo tipo di aggressione è abbastanza semplice da attuare e prevedibile.

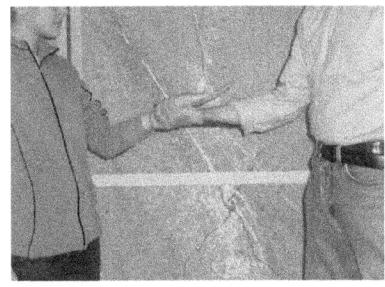

La prima reazione è quella di *girare la mano verso l'alto* mantenendo il gomito aderente al corpo (foto 3.018).

A questo punto, controllando l'azione dell'aggressore, si porta la

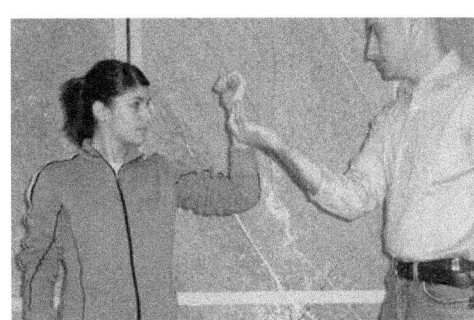

mano in alto e verso di sé e il gomito in avanti (foto 3.019). Il movimento deve essere eseguito rapidamente perché sia efficace e non prevedibile dall'avversario.

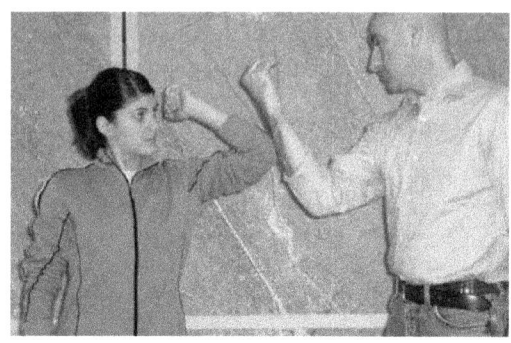

Proseguendo l'azione verso l'alto (foto 3.020), si libera la mano e con il braccio si è in grado di colpire o mettersi in posizione di guardia base.

Partendo da una presa di tipo 2 come quella illustrata (foto 3.021), vediamo ora un altro sistema per liberarsi e per rendere inoffensivo l'aggressore.

Si porta verso l'interno il proprio braccio sinistro (foto 3.022) mentre il destro *si inserisce sotto al proprio sinistro e sopra a quello dell'avversario.* I due movimenti devono essere simultanei e coordinati.

Dall'ingrandimento (foto 3.023) si osserva meglio il movimento e l'azione che dev'essere fatta.

Agganciate con la vostra mano destra il collo dell'avversario (foto 3.024) mentre con la sinistra afferrate il suo polso destro e tiratelo prima verso l'alto e poi verso l'esterno in modo che l'interno del gomito avversario aderisca al vostro tricipite destro.

Ruotando il vostro corpo verso sinistra (foto 3.025) esercitate nello stesso tempo uno sbilanciamento dell'avversario all'indietro portando la vostra mano sinistra verso il basso.

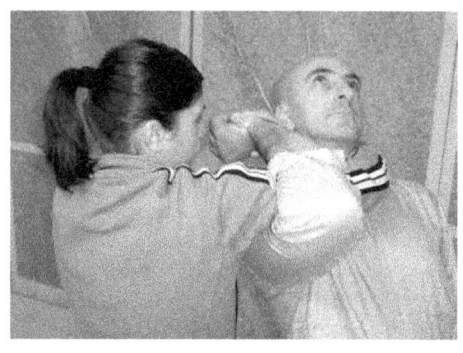

Nel particolare (foto 3.026) si vede come la vostra mano sinistra deve tirare verso terra quella dell'avversario facendo perno sul suo gomito bloccato dal vostro braccio destro.

L'aggressore cade a terra sulla schiena (foto 3.027) e potrete decidere se evitare che sbatta la nuca proteggendola con la mano destra, oppure lasciarlo cadere liberamente.

Fate attenzione a non cadergli addosso e lasciatelo andare quando è sbilanciato indietro.

Infine, rialzatevi subito e, per essere sicure che non si rigiri per aggredirvi ancora, potete colpirlo sul fianco con un calcio (foto 3.028).

Vediamo un terzo modo per liberarsi da una presa al polso di tipo 2 partendo sempre dalla posizione di base come indicato nell'immagine (foto 3.029).

Si colpisce immediatamente la testa dell'aggressore con la mano libera (foto 3.030) in modo che la sua testa ruoti verso destra.

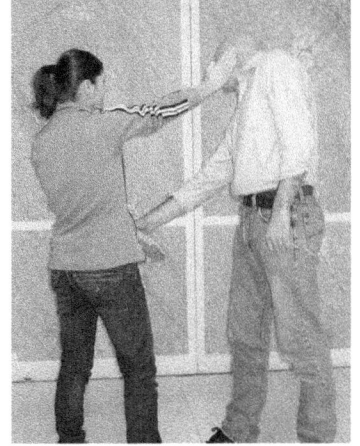

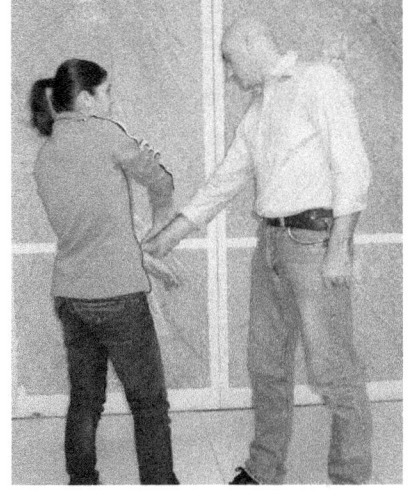

Con la mano destra si prende il polso dell'avversario (foto 3.031) e lo si blocca saldamente mantenendo il controllo dei suoi movimenti.

Nel particolare (foto 3.032) si vede come la mano destra deve bloccare il polso avversario, ponendo il pollice alla base del pollice avversario.

Portate immediatamente la vostra mano sinistra verso l'alto, aiutandovi con la destra (foto 3.033). Il vostro pollice destro tiene saldamente bloccato il pollice avversario in modo che non possa sfuggire.

Nel particolare notate come la mano avversaria deve essere tenuta in leva (foto 3.034). Portando avanti il gomito sinistro, provocate un dolore al pollice dell'avversario e lo costringete a ruotare su se stesso.

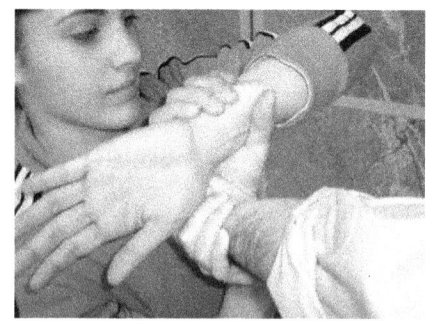

Proseguendo nell'azione (foto 3.035) spingete in avanti il vostro avambraccio sinistro alzando verso l'alto la sua mano destra; *l'avversario si piegherà in avanti e tenderà ad abbassare la testa.*

Per terminare in sicurezza, (foto 3.036) liberate la vostra mano sinistra e, sempre tenendo in leva il suo polso, colpitelo con un calcio al plesso solare.

Un quarto e ultimo modo per liberarvi da una presa al polso di tipo 2 è il seguente: iniziamo dalla solita presa di partenza dell'avversario (foto 3.037).

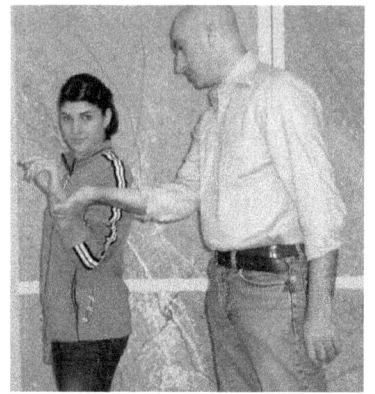

Si esegue una *rapida rotazione verso l'esterno* (foto 3.038) rispetto al braccio dell'aggressore e si porta la propria mano all'altezza del suo gomito.

Si prosegue con la *rotazione del corpo* e, portando il gomito all'altezza della spalla, (foto 3.039) ci si libera dalla sua presa.

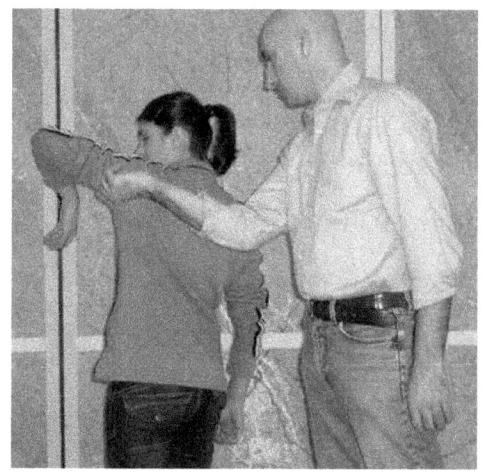

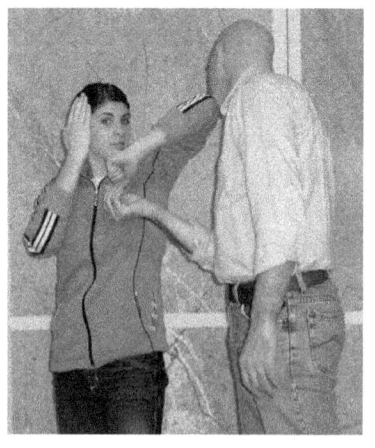

Invertendo la rotazione e riposizionandosi di fronte all'avversario con il gomito alzato (foto 3.040) sarà facile *colpirlo al viso con una gomitata* proteggendo, nello stesso tempo, il viso con la mano destra.

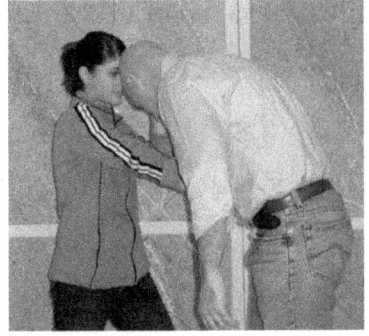

Sempre con la destra si colpisce ancora l'avversario con un pugno al plesso solare (foto 3.041), mentre con la sinistra si aggancia la sua nuca.

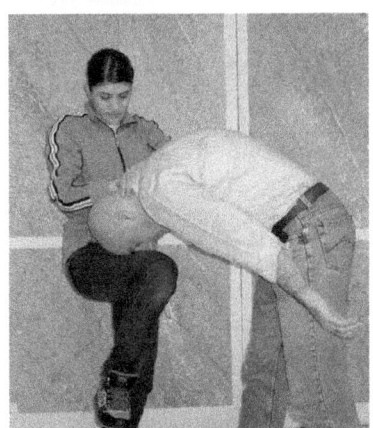

Si spinge verso il basso la sua testa facendo forza con il peso del corpo e tenendo i gomiti aderenti al busto; (foto 3.042) nello stesso tempo lo si colpisce in viso con il ginocchio.

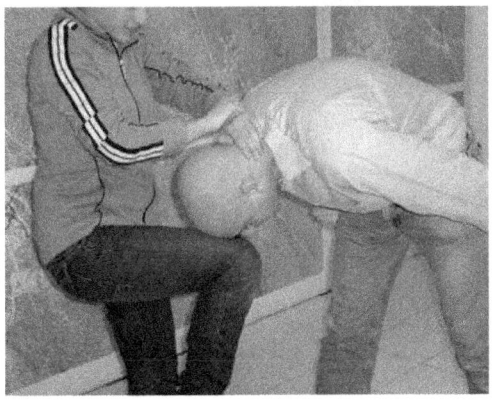

Nel particolare (foto 3.043) si vede come deve essere presa la nuca con la mano sinistra e come la mano destra spinge per imprimere una forza maggiore verso il basso.

Vediamo ora un'altra presa, una variante del tipo 2, in cui l'aggressore blocca la vittima con entrambe le mani (foto 3.044). Esistono vari metodi per liberarsi e ne vedremo solo alcuni.

Primo metodo: si afferra con la propria mano destra il polso destro dell'avversario e lo si aggancia saldamente (foto 3.045).

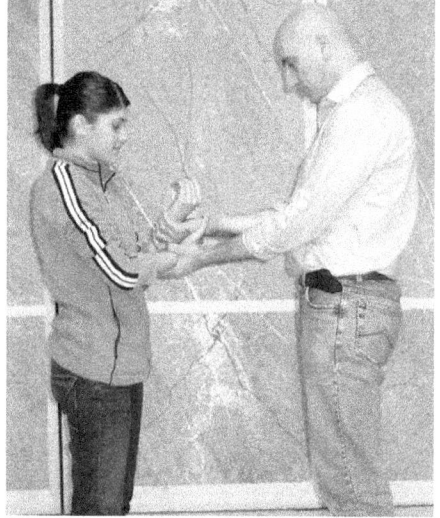

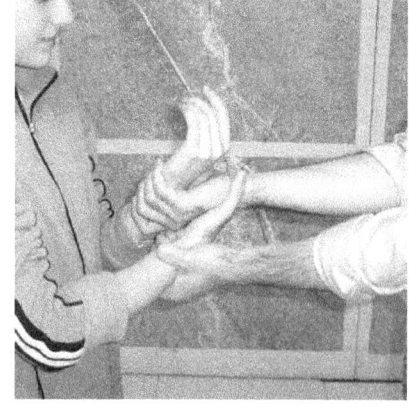

Nel particolare si vede come devono essere sovrapposte le mani tra loro (foto 3.046) ponendo il proprio pollice destro contro il polso dell'aggressore.

Nella vista dall'alto si vede come agganciare la base del pollice avversario con le dita (foto 3.047): lo si tira poi in modo da allentare la presa per liberare il proprio polso sinistro.

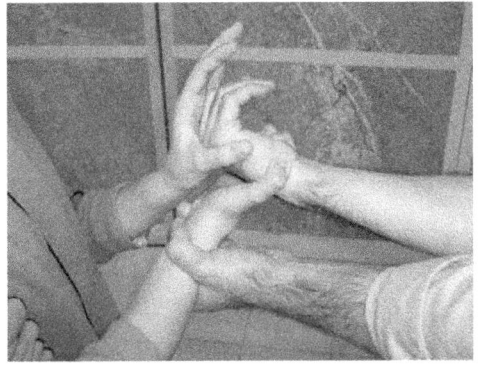

Appena liberata la mano sinistra, con questa si agganciano le dita della mano destra avversaria e si chiudono (foto 3.048) portando poi la mano verso il pavimento.

Con questa azione (foto 3.049) si applica una leva al polso dell'aggressore, che si piegherà verso il basso per non subire la slogatura del polso stesso.

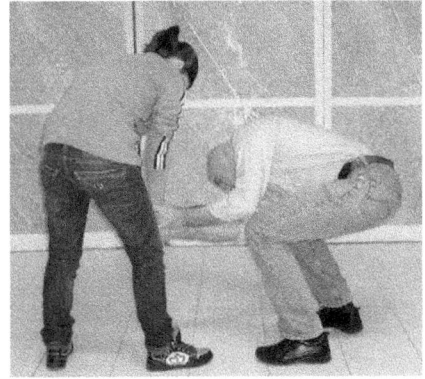

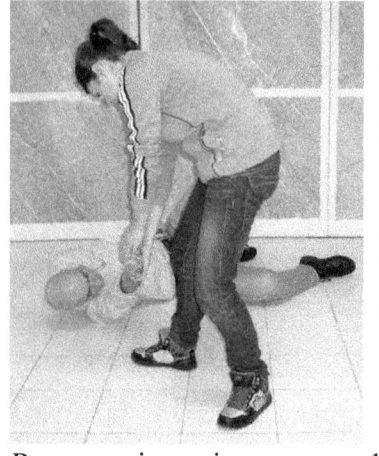

Proseguendo con la trazione verso il basso e indietreggiando con il corpo, l'avversario cadrà a terra (foto 3.050): tirate ulteriormente la sua mano e torcetela in senso antiorario.

Per maggiore sicurezza, nel caso in cui l'avversario sia molto forte e pericoloso, potrete colpirlo con un calcio alla testa in modo da essere sicure che non possa rialzarsi per aggredirvi di nuovo (foto 3.051).

Secondo metodo: partiamo dalla presa di tipo 2 sulle due mani con l'avversario di fronte a voi (foto 3.052).

Si ruotano le due mani verso l'alto (foto 3.053) e si battono con forza tra loro le falangi dell'avversario provocandogli dolore.

Se ciò non fosse sufficiente a far aprire le mani all'aggressore, con un rapido movimento si sfregano con forza e più volte tra loro le falangi delle dita dell'avversario, muovendo in modo alternato i vostri polsi avanti e indietro come nelle foto successive.

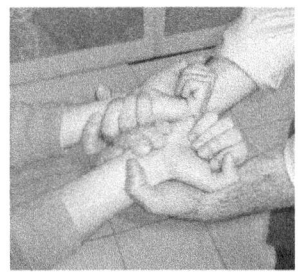 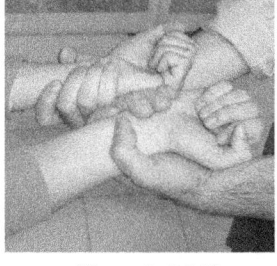 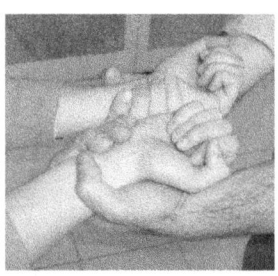

(foto 3.054)　　　　(foto 3.055)　　　　(foto 3.056)

Non appena l'avversario aprirà le dita delle mani, sarete libere e dalla posizione in guardia di sicurezza (foto 3.057) lo *colpirete con un calcio nel basso ventre* spingendolo lontano.

Terzo metodo: sempre con dalla stessa presa ai polsi di tipo 2, vediamo un modo alternativo per liberarsi rapidamente (foto 3.058).

Questa tecnica è semplice da ricordare e si applica qualora la precedente non dovesse riuscire per qualche motivo.

Con un rapido movimento di rotazione si portano verso l'alto entrambe le mani (foto 3.059) facendo *urtare con forza tra loro i polsi* dell'avversario.

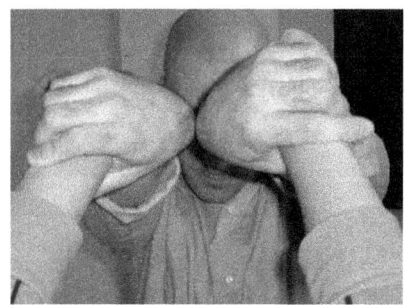 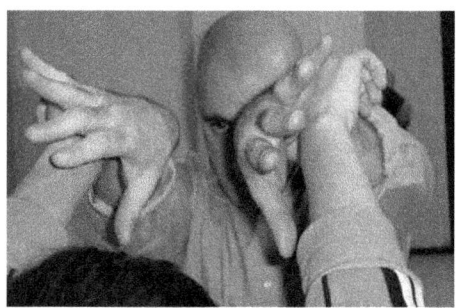

Nell'impatto dei polsi (foto 3.060 e 3.061) le dita dell'aggressore naturalmente si apriranno e quindi sarà possibile sfilare le mani dalla presa e assumere una posizione di guardia di sicurezza.

Si completa la difesa con un calcio frontale portato all'altezza della cintura dell'avversario (foto 3.062) prima che questi abbia il tempo per fare qualsiasi altra azione.

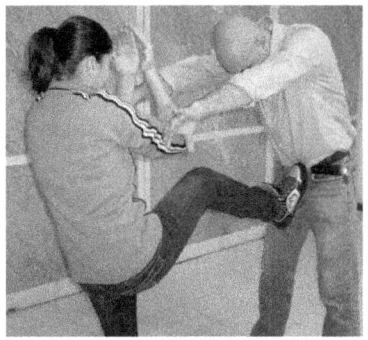

Presa ai polsi di tipo 3 e varie tecniche di liberazione

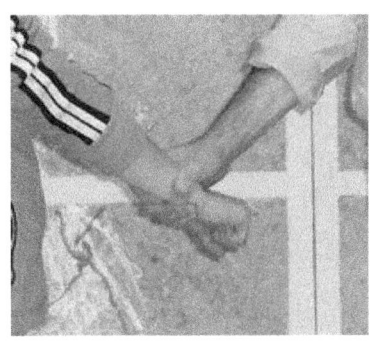

La presa al polso di tipo 3 consiste in una *presa con la mano destra del vostro polso destro* (foto 3.063) oppure con la mano sinistra del vostro polso sinistro.

Le mani quindi si incrociano davanti a voi. La presa è eseguita frontalmente (foto 3.064) ed è finalizzata a bloccare la vittima per tirarla a sé o per farla girare sul fianco.

Primo metodo: per liberarsi da questo tipo di presa (foto 3.065) si deve sollevare la mano destra e mettere la mano in verticale, di taglio, mentre l'altra va a protezione del viso.

Nel particolare si vede come posizionare le mani (foto 3.066).

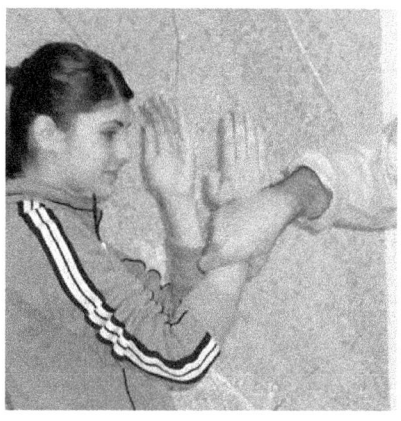

Si *ruota il corpo verso destra e si colpisce l'omero* dell'avversario appena sopra il gomito (foto 3.067). Il movimento dovrà essere preciso e simultaneo.

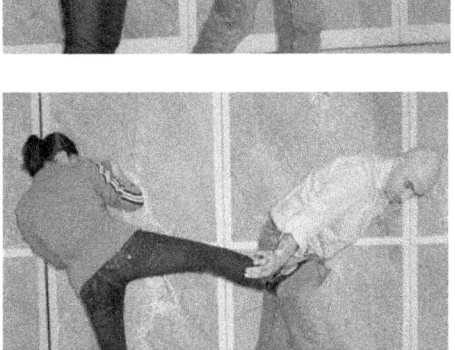

Proseguendo con il movimento, *si spinge via il suo braccio* utilizzando entrambe le braccia (foto 3.068) e di conseguenza l'avversario ruoterà su se stesso.

Si completa la difesa colpendolo sul fianco con un calcio circolare (foto 3.069) oppure calciandolo sul quadricipite femorale prima che abbia il tempo di voltarsi.

Secondo metodo: ci si libera da questo tipo di presa (foto 3.070) bloccando con la mano sinistra le dita della mano destra avversaria in modo che l'aggressore non possa più aprirle per lasciare il vostro polso.

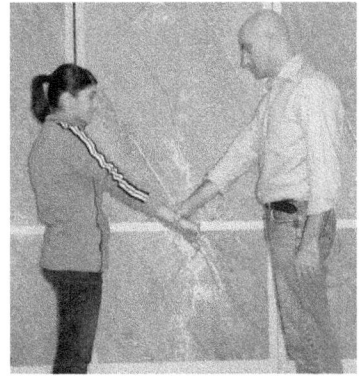

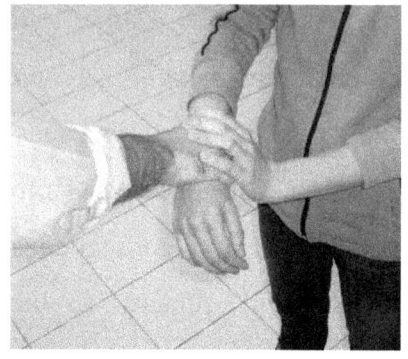

Nel particolare vediamo con chiarezza le posizioni delle mani (foto 3.071) e come bloccare le sue dita.

A questo punto sollevate la vostra mano destra e ponetela in verticale di taglio (foto 3.072), come avevate fatto nella liberazione precedente.

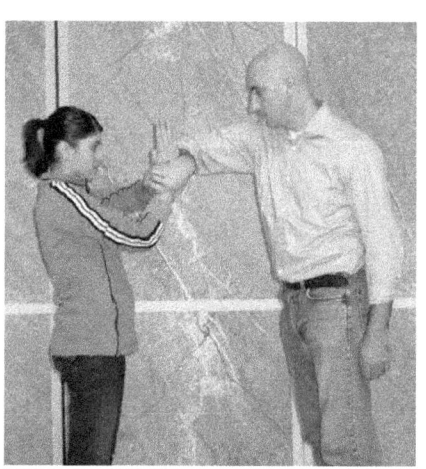

Nel dettaglio si vede meglio la posizione delle mani (foto 3.073): il polso dell'avversario deve trovarsi all'altezza della sua spalla e il suo gomito deve piegarsi ad angolo retto.

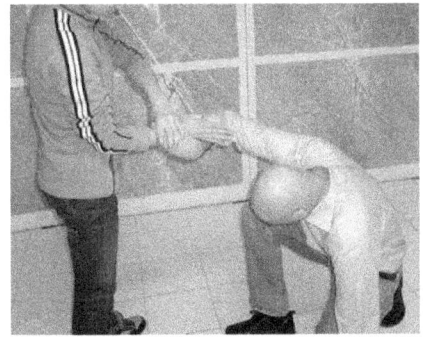

Ruotate il vostro braccio destro verso il basso (foto 3.074) come per tagliare il suo polso con la mano. Questa azione provocherà una leva articolare molto dolorosa e l'avversario sarà costretto ad abbassarsi a terra.

Abbassatevi verso di lui e indietreggiate con il piede destro (foto 3.075) trascinandolo quasi a terra e mantenendo la leva con le mani.

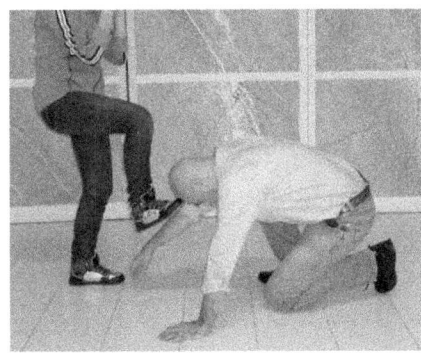

Completate la difesa (foto 3.076) con un *calcio sulla fronte* prima che l'aggressore possa rialzarsi per reagire. Attenzione: *questa tecnica è molto pericolosa.*

Presa ai polsi di tipo 4 e tecnica di liberazione

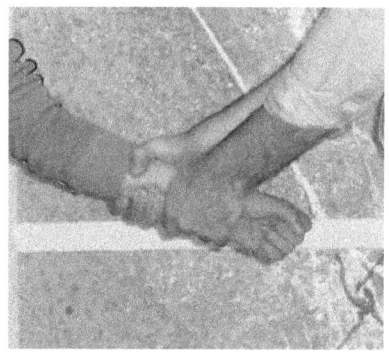

La presa al polso di tipo 4 consiste in una *presa con entrambe le mani del vostro polso sinistro* (**foto** 3.077) o destro. Si tratta di una presa molto robusta che può essere applicata sia frontalmente che lateralmente.

L'aggressore si avvicina e prende il polso sinistro della vittima con entrambe le mani (foto 3.078).

S'impugna con la mano destra la propria mano sinistra (foto 3.079) passando, da sopra, tra le braccia dell'avversario.

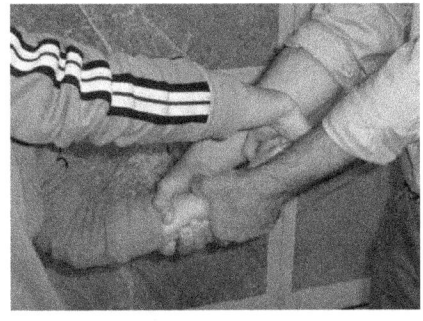

Nel particolare si può vedere in modo chiaro come prendere il vostro pugno sinistro (foto 3.080) per tirarlo verso l'alto e verso di voi mentre il vostro gomito avanza verso di lui.

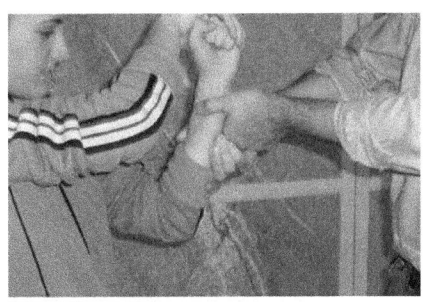

Con questa azione si attua una leva che impedisce all'avversario di mantenere bloccato il vostro polso (foto 3.081) e permette a voi di liberarvi per cedimento della sua presa.

L'azione si completa con un calcio frontale spinto (foto 3.082) che ha lo scopo di allontanare l'avversario e riprendere il controllo della situazione.

Presa ai polsi di tipo 5 e tecnica di liberazione

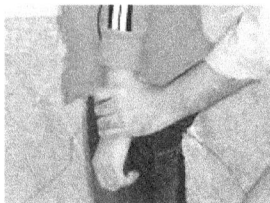
La presa ai polsi di tipo 5 consiste in una *presa da dietro con entrambe le mani* (foto 3.083): la destra prende la destra e la sinistra impugna la sinistra.

Si tratta di un tipo di *presa non prevedibile* (foto 3.084) che ha lo scopo di sorprendere la vittima e trascinarla indietro in modo che non possa reagire.

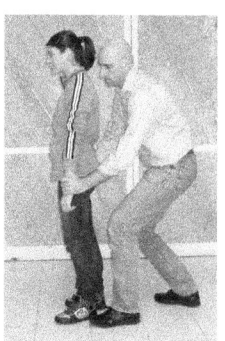

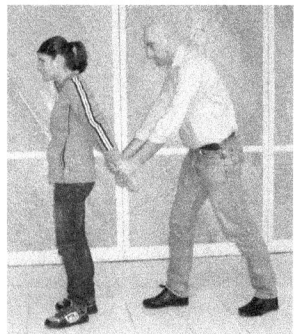

Bisogna vincere la sorpresa iniziale e assecondare l'azione dell'avversario (foto 3.085).

Fate un passo indietro abbassando il corpo (foto 3.086) e portate i vostri polsi più in alto rispetto ai gomiti; l'azione deve essere simultanea.

Arretrando ulteriormente (foto 3.087) *passate con la testa sotto il braccio sinistro dell'avversario* mantenendo il contatto con il corpo sul lato sinistro.

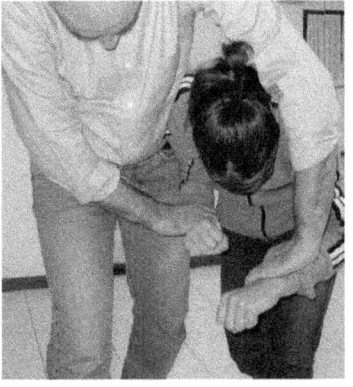

Nel particolare (foto 3.088) si vede come le vostre braccia mantengano aperte quelle dell'aggressore in modo da poter passare con la testa sotto al suo braccio sinistro.

Appena superato con la testa il braccio avversario, ponete la vostra mano destra all'altezza del suo gomito (foto 3.089) per evitare che possa reagire con una gomitata al viso e, contemporaneamente, spingetelo verso il basso con il taglio della mano.

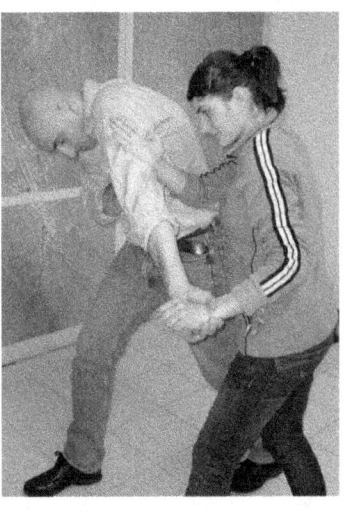

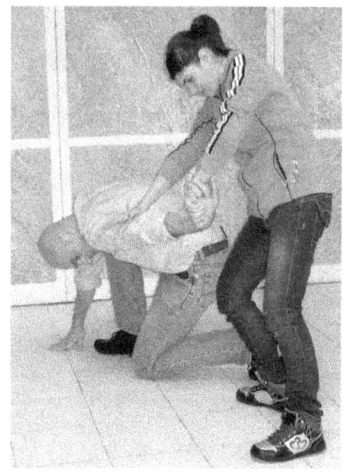
Proseguendo nell'azione, tenete ben saldo il polso sinistro avversario e *spingete con la mano destra il suo braccio sinistro verso il basso* (foto 3.090) fino a costringerlo a piegarsi a terra col ginocchio.

Tenendo sempre il suo polso, con una rapida rotazione del bacino (foto 3.091) lo colpirete con un 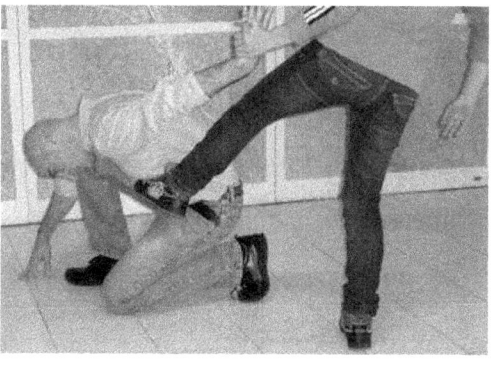 calcio a livello delle costole fluttuanti, per evitare che possa rialzarsi e aggredirvi nuovamente.

SEGRETO n. 11: lo studio della liberazione dalle prese ai polsi è fondamentale per un'autodifesa efficace perché non prevede l'uso della forza fisica e sfrutta la combinazione di leve articolari e colpi in sequenza che sorprendono l'avversario e lo neutralizzano.

Questo terzo giorno dell'ebook dovrà essere studiato con attenzione fin nei dettagli e le varie tecniche e applicazioni dovranno essere allenate per parecchio tempo, prima lentamente, per apprendere le esatte sequenze, e poi con maggior scioltezza fino a quando saranno diventate naturali.

SEGRETO n. 12: la singola tecnica di liberazione da una presa deve essere sempre seguita da una combinazione di colpi al fine di impedire all'aggressore di reagire e per darvi il tempo di fuggire in un luogo sicuro.

Nello studio non si può prescindere dall'ausilio di un compagno di allenamento che, in modo collaborativo, esegua i vari tipi di attacco per poi permettervi di effettuare la liberazione e il contrattacco. L'ideale sarebbe poter eseguire e provare queste combinazioni sotto l'occhio vigile e attento di un istruttore esperto che possa valutare i movimenti nei particolari e correggere gli eventuali errori che certamente, specie le prime volte, si possono commettere.

Dopo aver preso confidenza con queste tecniche di liberazione ai polsi, un ottimo esercizio è *provare a eseguirle con gli occhi chiusi*, allenando la sensibilità del tatto, la percezione delle posizioni e degli spazi.

SEGRETO n. 13: per diventare abili nelle liberazioni dalle prese si suggerisce di provarle anche tenendo gli occhi chiusi, in modo da affinare il senso del tatto e dello spazio ed essere psicologicamente pronte a difendervi anche al buio.

RIEPILOGO DEL GIORNO 3:

- SEGRETO n. 11: lo studio della liberazione dalle prese ai polsi è fondamentale per un'autodifesa efficace perché non prevede l'uso della forza fisica e sfrutta la combinazione di leve articolari e colpi in sequenza che sorprendono l'avversario e lo neutralizzano.
- SEGRETO n. 12: la singola tecnica di liberazione da una presa deve essere sempre seguita da una combinazione di colpi al fine di impedire all'aggressore di reagire e per darvi il tempo di fuggire in un luogo sicuro.
- SEGRETO n. 13: per diventare abili nelle liberazioni dalle prese si suggerisce di provarle anche tenendo gli occhi chiusi, in modo da affinare il senso del tatto e dello spazio ed essere psicologicamente pronte a difendervi anche al buio.

GIORNO 4:
Come liberarsi da un'aggressione al collo e al corpo

In questo quarto giorno studieremo le possibili aggressioni al collo e al corpo con le relative tecniche di difesa e contrattacco. La presa al collo è un tipo di aggressione abbastanza naturale che qualsiasi malintenzionato è in grado di eseguire; esistono diverse varianti ma per esemplificazione didattica e mnemonica esamineremo solo i casi principali.

Le prese al collo e le tecniche di liberazione
Questi tipi di presa al collo sono stati classificati in base alle loro caratteristiche indipendentemente dal fatto che l'aggressore possa usare una sola mano o entrambe o che le sue braccia siano distese o piegate per poter applicare una forza maggiore. Le possibili varianti, solitamente, possono essere neutralizzate nello stesso modo indicato per le aggressioni di tipo principale.

Presa al collo di tipo 1 e tecnica di liberazione

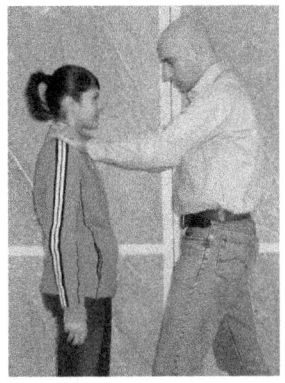

L'aggressore si pone di fronte alla vittima e avvolge il suo collo con entrambe le mani (foto 4.001) allo scopo di toglierle il respiro e soffocarla. Si tratta di una presa pericolosa che richiede una reazione immediata.

Ponete le mani davanti al viso e *chinatevi in avanti* (foto 4.002) stando attente che l'aggressore non alzi il ginocchio per colpirvi al viso.

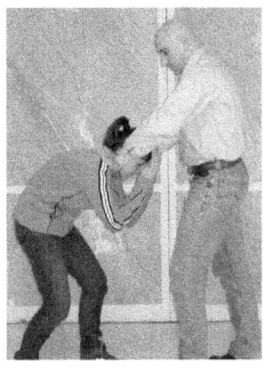

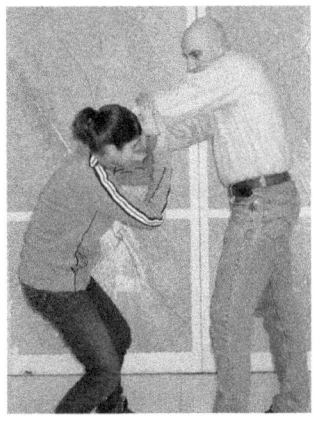

Aggirate la mano sinistra dell'aggressore e rialzate la testa (foto 4.003) mantenendo il contatto con il suo braccio sinistro; con questo movimento vi liberate senza fatica dalla presa al collo.

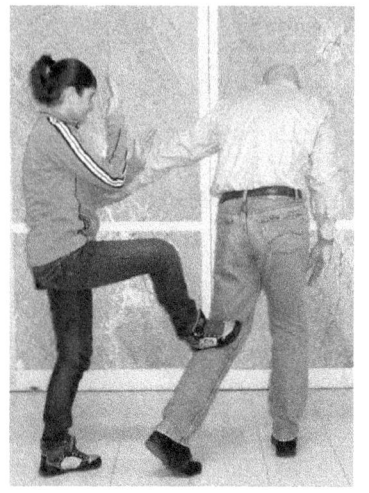

Con la mano sinistra *spingete il braccio sinistro dell'aggressore in modo che sia costretto a girarsi* (foto 4.004) e ponete il vostro piede destro all'interno del suo ginocchio schiacciandolo verso il basso.

La pressione del piede farà *sbattere violentemente la rotula dell'avversario al pavimento* (foto 4.005) e nello stesso momento lo colpirete con un pugno alla base del collo.

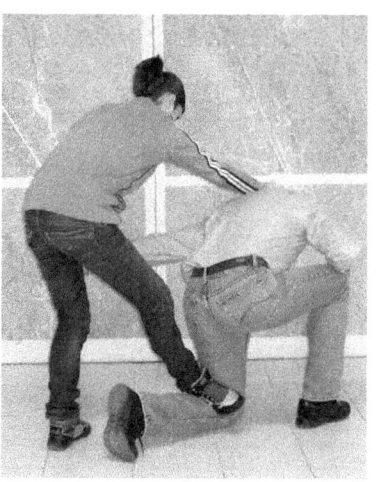

Ritornate subito in guardia (foto 4.006) pronte a fronteggiare un'eventuale reazione dell'aggressore che si trova ancora a terra.

Se ci fosse il pericolo di una sua reazione (foto 4.007) sarete ora in posizione favorevole per colpirlo con un calcio al viso.

Presa al collo di tipo 2 e tecniche di liberazione

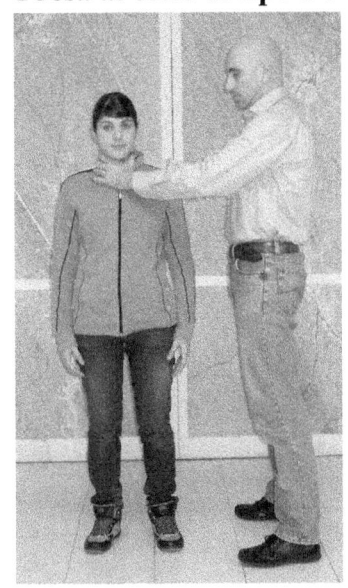

Primo metodo: la presa al collo di tipo 2 viene effettuata dall'assalitore ponendosi a lato della vittima (foto 4.008). È una situazione molto pericolosa perché anche questa presa potrebbe portare al soffocamento in breve tempo.

La reazione difensiva deve essere immediata e decisa per avere qualche probabilità di successo.

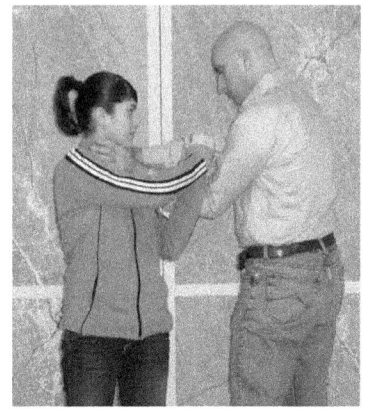
Unite le mani tra loro e giratevi *colpendo con il vostro avambraccio la parte esterna del suo gomito* (foto 4.009).

Dovrete sferrare il colpo con tutta la forza del corpo, in particolare ruotando bene il bacino verso sinistra.

A seguito della torsione del vostro corpo (foto 4.010) le mani dell'aggressore molleranno la presa e, per via della vostra spinta, il suo corpo si girerà di fianco.

Fate un *passo indietro e ponetevi in posizione di sicurezza* (foto 4.011), pronte a contrattaccare con un calcio in caso di bisogno.

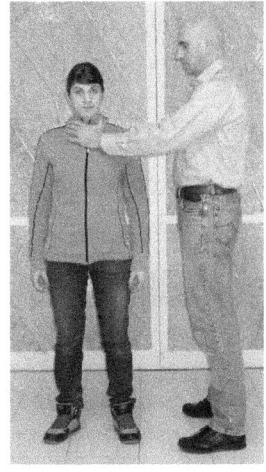

Secondo metodo: l'avversario è sempre di fianco e vi stringe il collo con una presa di tipo 2 (foto 4.012).

Unite le mani (foto 4.013) e *colpitelo con il gomito allo stomaco* spingendo con tutto il peso del vostro corpo.

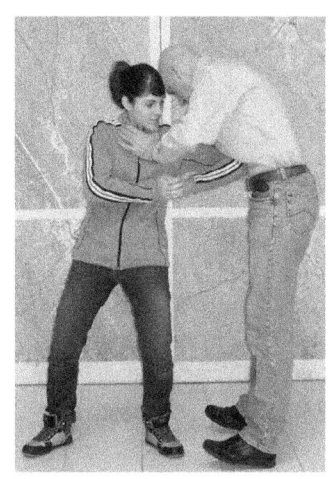

Abbassate la sua mano sinistra con la vostra mano destra e agganciate il suo braccio destro con il vostro avambraccio sinistro (foto 4.014); *ruotate il corpo verso destra e in basso strappando via così le sue mani dal vostro collo*. La forza dell'azione è data dalla velocità di rotazione del bacino e del vostro corpo.

Caricate ora il braccio sinistro e preparatevi a voltarvi verso sinistra (foto 4.015) per colpire l'aggressore prima che tenti di prendervi nuovamente.

Colpite la testa con il dorso della mano (foto 4.016) e preparatevi a indietreggiare per porvi in guardia di sicurezza e colpire con un calcio la sua gamba avanti, oppure...

... ruotate nuovamente verso l'avversario *colpendolo al viso con un gancio* (foto 4.017). Ogni difesa, per essere efficace, deve terminare con una serie di colpi in successione in modo da rendere inoffensivo l'aggressore prima che possa riprendersi e reagire.

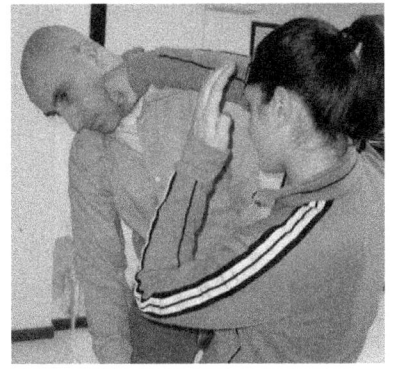

Nel particolare si vede come colpire la mandibola con un gancio (foto 4.018) avendo sempre cura di proteggervi il viso con l'altra mano.

Presa al collo di tipo 3 e tecnica di liberazione

La presa al collo di tipo 3 viene effettuata dall'aggressore posizionandosi dietro alla vittima e stringendo con le mani il collo (foto 4.019).

La prima cosa da fare è alzare il braccio sinistro e ruotare il corpo verso l'aggressore (foto 4.020) colpendo con il gomito il suo avambraccio sinistro e allentando così la presa al collo.

 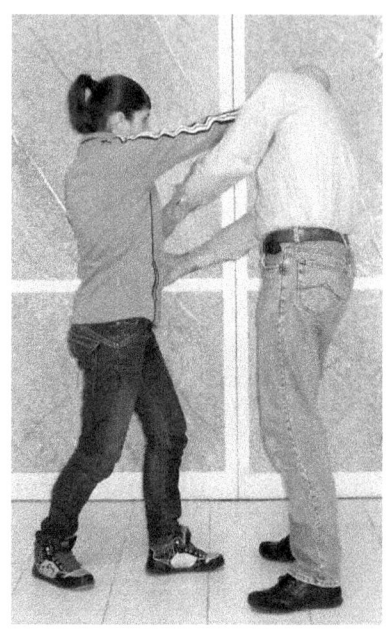

Proseguite nella rotazione e colpite il volto dell'avversario con il pugno destro (foto 4.021 e 4.022). La rotazione è importante perché il pugno, per essere potente, deve essere portato con tutto il corpo, non solo con il braccio che colpisce.

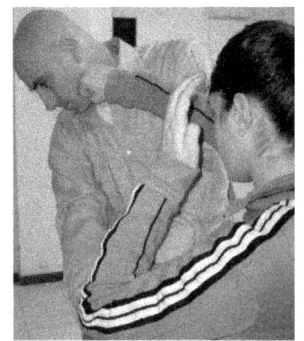

Nell'immagine di dettaglio (foto 4.023) si vede come deve essere portato il pugno sul volto dell'aggressore; la mano sinistra resta a protezione del viso.

Presa al collo di tipo 4 e tecniche di liberazione

Le prese al collo di tipo 4 sono caratterizzate dal fatto che *l'avversario arriva alle spalle e con un braccio avvolge il collo*, mentre con l'altra mano rafforza la presa con un bloccaggio (foto 4.024). Si tratta di una tecnica pericolosissima perché in pochi secondi può causare un principio di soffocamento per occlusione della trachea oppure uno svenimento per l'occlusione delle carotidi e la mancanza di afflusso di sangue al cervello.

La liberazione avviene nel modo seguente (foto 4.025): *si blocca con le mani l'avambraccio dell'aggressore* e lo si tiene saldamente agganciato al proprio sterno.

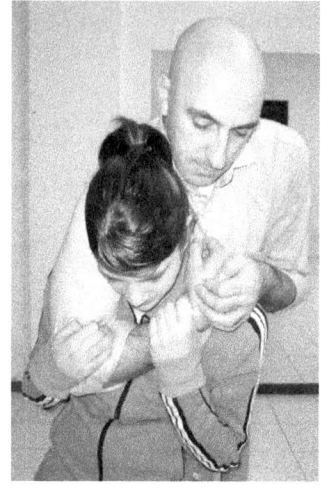
Dall'inquadratura frontale (foto 4.026) si vede come *la vostra mano destra aggancia l'articolazione del gomito avversario mentre la mano sinistra stringe il suo polso*. In questo modo cercate di allentare la pressione che il suo braccio esercita sul vostro collo; vi piegate inoltre in avanti in modo da poggiare bene la schiena contro il suo corpo.

Scivolando con il bacino radente al corpo dell'aggressore (foto 4.027), cercate di passare sotto il suo braccio e di uscire da dietro.

Questa operazione funziona solo se tenete il suo braccio incollato al vostro torace ed eseguite il movimento usando tutto il vostro corpo e non solo le braccia.

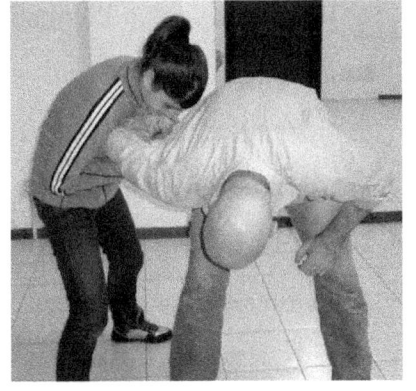

Appena sgusciate da dietro, *tenete la leva sul suo polso* (foto 4.028), mantenetegli il braccio teso (verrebbe naturale piegarlo dietro alla sua schiena!) e tirato verso l'alto.

È importante poggiare saldamente la mano destra sulla sua spalla e con l'altra mano, *tenendo in leva il suo polso* (foto 4.029), spingere verticalmente in alto il braccio premendo contro la sua spalla.

Come si vede nell'immagine, da una posizione come questa l'aggressore non può rialzarsi. (foto 4.030).

Notate come la sua mano sia tenuta in tensione a 90° rispetto al braccio creandogli un forte dolore al polso.

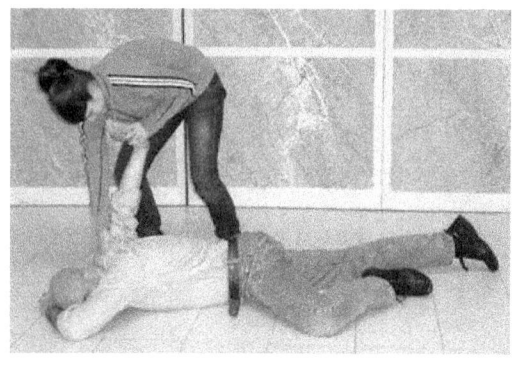

Terminate l'azione *spingendolo in avanti e facendolo cadere a terra* con il corpo (foto 4.031); per tenerlo fermo, continuate a premere verticalmente dall'alto verso il basso la sua mano in leva.

Questa è sempre una presa al collo di tipo 4 con la *variante* che la mano sinistra dell'aggressore *tiene bloccato il braccio della ragazza dietro la schiena* (foto 4.032).

Per complicare la situazione gli blocca anche il polso e le inarca la schiena in modo che la ragazza non possa reagire passando sotto al suo braccio, come aveva fatto nella precedente liberazione.

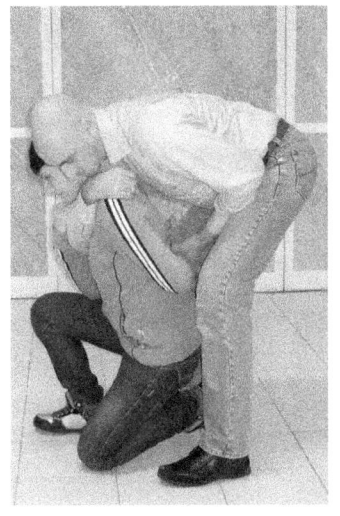
La prima azione da fare è *portare il vostro piede* (quello del lato del braccio bloccato dietro alla schiena) *tra i piedi dell'aggressore e di piegare subito il ginocchio fino a terra* (foto 4.033) allo scopo di creargli uno sbilanciamento in avanti.

Con la mano libera *agganciate saldamente l'avambraccio che vi blocca il collo e* (foto 4.034) *fate una torsione con il busto verso sinistra.*

L'avversario perderà l'equilibrio e cadrà
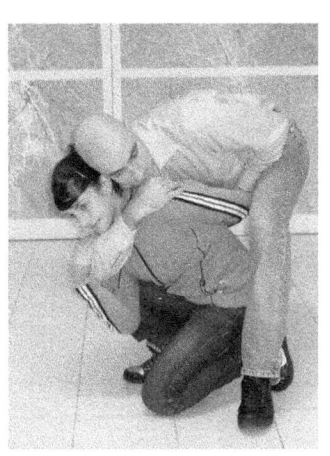
in avanti sul pavimento (foto 4.035) mentre voi dovrete cadere sopra di lui con tutto il vostro peso.

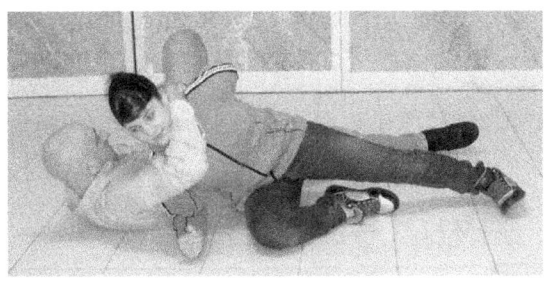

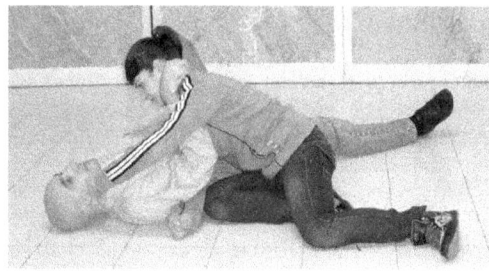

Giratevi, colpitelo alla mandibola (foto 4.036) e rialzatevi rapidamente prima che possa riprendersi dalla caduta.

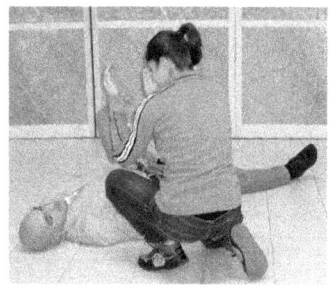

Nel rialzarvi, proteggete il viso e il torace con le mani (foto 4.037) e siate pronte a reagire a eventuali mosse dell'aggressore.

Presa al collo di tipo 5 e tecnica di liberazione

La presa al collo di tipo 5 può essere *attuata* dall'aggressore *in vari modi non sempre prevedibili*. Può partire da un insospettabile abbraccio (foto 4.038) oppure da una vera e propria azione a sorpresa avvicinandosi da dietro e agganciandovi il collo con il braccio.

Per essere più saldo e forte nella presa, *può impugnare il suo polso con l'altra mano e stringervi "a strangolo"* (foto 4.039). Si tratta di un'aggressione molto pericolosa perché potrebbe creare gravi danni anche alle vertebre cervicali.

La prima reazione (foto 4.040) è di piegarvi in avanti e *colpirlo ripetutamente con il pugno all'altezza del ginocchio*, sempre allo stesso punto fino a fargli piegare la gamba.

Con l'altro braccio, passando da dietro (foto 4.041), andate con la mano a cercare il suo viso per tirare la sua testa all'indietro.

Mentre tirate la testa indietro, *rialzatevi e proseguite con la rotazione verso la vostra sinistra* (foto 4.042). È importante avere le gambe posizionate in maniera stabile per evitare di sbilanciarvi mentre lo girate all'indietro.

Appena caduto sulla schiena (foto 4.043) *colpite nuovamente con il piede il lato del suo ginocchio nello stesso punto* che avevate colpito prima con la mano, per impedirgli di rialzarsi e

inseguirvi mentre fuggite.

Infine, allontanatevi controllandolo attentamente e senza voltargli le spalle (foto 4.044).

SEGRETO n. 14: le prese al collo sono molto pericolose, abbastanza complesse da neutralizzare ed è difficile vincere la paura quando sono improvvise; la padronanza dei princìpi e delle tecniche di difesa aiuta a mantenere il controllo della situazione.

Si consiglia di studiare le liberazioni da questo tipo di presa iniziando molto lentamente, senza stringere mai il collo, fino a quando non avrete automatizzato i movimenti delle mani, del corpo e le posizioni delle gambe. Per sicurezza conviene allenarsi su un tappeto non troppo morbido per attutire eventuali cadute.

Le prese al corpo e le tecniche di liberazione
Le prese al corpo sono le più naturali e spontanee e per una donna diventa ancora più importante acquisire la capacità di disimpegnarsi e reagire a una qualsiasi di queste prese. Non ne esistono tante tipologie ma esistono molte varianti facilmente riconducibili a poche tecniche codificate che abbiamo standardizzato per facilitarne l'apprendimento e la memorizzazione. In questo paragrafo vedremo solo le principali.

Presa al corpo di tipo 1 e tecniche di liberazione

La presa al corpo di tipo 1 viene effettuata dall'aggressore *ponendosi alle spalle della vittima e bloccandole insieme al corpo anche le braccia* (foto 4.045). Lo scopo di tale presa è impedire alla ragazza una sua reazione per trascinarla da qualche parte contro la sua volontà.

L'aggressore pone la sua mano destra sopra alla sua sinistra. Per prima cosa bisogna prendere con la mano sinistra il polso destro (che è sopra) dell'avversario (foto 4.046) e con la mano destra il suo avambraccio. Con il corpo e con il bacino, che devono restare aderenti all'avversario, si oscilla a destra e a sinistra per creargli uno squilibrio.

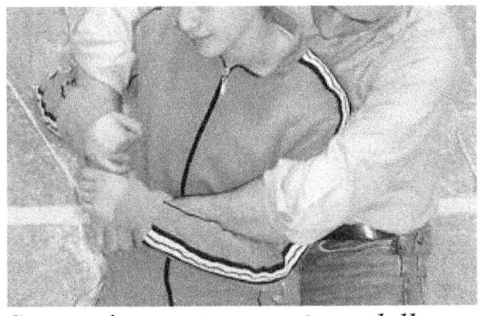

Nel particolare (foto 4.047) si vede chiaramente come devono essere posizionate le braccia di chi si difende.

Successivamente *uscite dalla presa arretrando con il bacino sul fianco destro dell'avversario* (che è il lato in cui lui aveva la mano sopra all'altra) (foto 4.048). Nell'azione vi piegate con il corpo in avanti e *puntate il gomito sinistro sul fianco dell'aggressore* in modo che non possa stringervi il braccio

attorno al collo mentre passate sotto con la testa.

Nel particolare (foto 4.049) si vede come deve essere eseguita l'azione e le posizioni da assumere perché la liberazione funzioni.

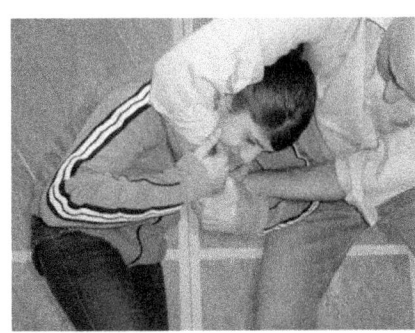

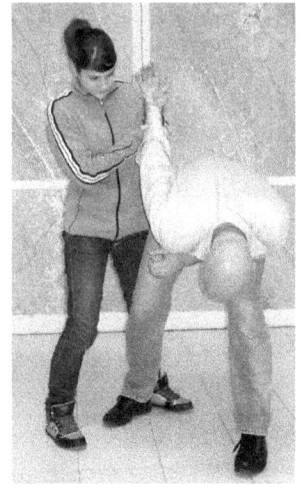Appena dietro, *mantenete il polso destro dell'aggressore in leva* e, impedendogli di piegare il braccio (foto 4.050), portate la sua mano verso l'alto in modo che sia costretto ad abbassare la testa in avanti.

Spingendo in avanti la sua spalla destra, l'avversario  cadrà a terra (foto 4.051) e, per evitare di battere il viso, dovrà poggiare 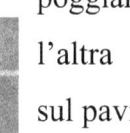 l'altra mano sul pavimento.

Ponetevi al suo fianco tenendogli sempre bloccata la leva sul polso destro (foto 4.052) e colpitelo con  un calcio al viso (foto 4.053). Tale tecnica è molto pericolosa e può arrecare gravi lesioni.

Una variante della presa al corpo di tipo 1 che abbiamo appena visto prevede che l'aggressore, dopo avervi "abbracciate", *si abbassi* (foto 4.054) *per sollevarvi da terra nel tentativo di portarvi via*. Si tratta di una situazione rischiosa perché, non poggiando i piedi a terra, è estremamente difficile cercare di spostarvi; inoltre le braccia dell'avversario comprimono fortemente il vostro torace perché, per riuscire a sollevarvi, dovrà esercitare una certa pressione.

Nell'azione di sollevamento (foto 4.055) l'aggressore inarca la schiena perché, per mantenere l'equilibrio, deve bilanciare il peso del suo corpo e quello del vostro; considerate comunque che tale azione richiede uno sforzo fisico notevole e quindi certamente non potrà percorrere molta strada tenendovi sollevate.

La prima difesa sarà quella di agganciare con le mani le sue braccia (come nell'esempio precedente) e *sollevare le ginocchia il più in alto possibile* (foto 4.056) raccogliendo le gambe sull'addome.

Abbassate subito le gambe e *colpite con la pianta del piede* 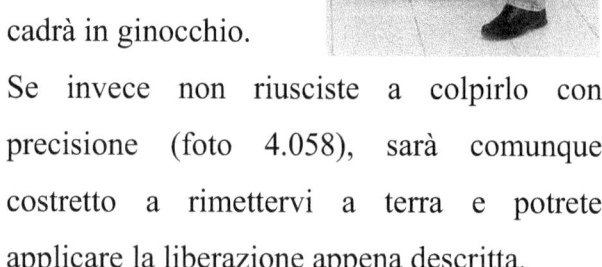(a piena forza) *le gambe* del vostro avversario appena sopra le ginocchia (foto 4.057).

Tale reazione, se eseguita con precisione, sarà sorprendente e l'avversario cadrà in ginocchio.

Se invece non riuscite a colpirlo con precisione (foto 4.058), sarà comunque costretto a rimettervi a terra e potrete applicare la liberazione appena descritta.

Presa al corpo di tipo 2 e tecnica di liberazione

La presa al corpo di tipo 2 viene effettuata dall'aggressore ponendosi alle spalle della vittima (foto 4.059), bloccandole il corpo e lasciando libere le braccia. Lo scopo di tale presa è quello di trascinarla a forza da qualche parte. Nel

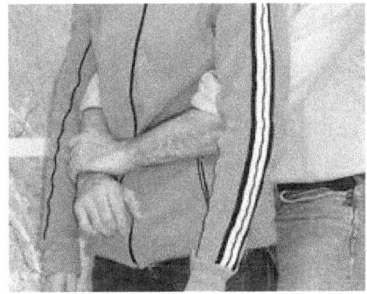

particolare (foto 4.060) si vede la mano sinistra dell'aggressore impugnare il polso dell'altra.

La prima difesa sarà di stringere il suo polso che chiude la presa e colpire più volte (foto 4.061) con le nocche il dorso della sua mano, facendo in modo che il dolore provocato lo costringa ad allentare la presa.

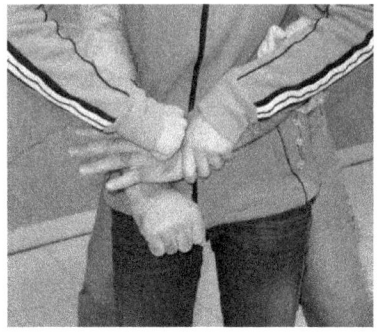
Nell'immagine di dettaglio (foto 4.062) vediamo che, per reazione, l'avversario è costretto ad aprire la mano.

Quindi, applicate una leva al suo polso (foto 4.063) e ruotate con il corpo cercando di girare sul suo fianco sinistro. L'azione dev'essere rapida e funzionerà solo se la leva sul polso verrà applicata in modo adeguato.

Il particolare mostra come posizionare le mani perché la leva risulti efficace (foto 4.064): la forza di tale azione non sarà data solo dalla forza delle vostre braccia ma anche dalla rotazione sincronizzata del vostro corpo.

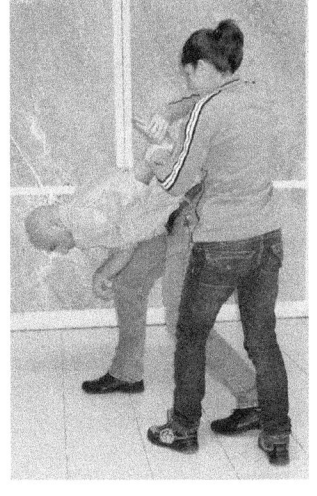

Appena giunte sul fianco, mantenendo il braccio dell'avversario teso (foto 4.065), *portate in alto il suo polso in leva* in modo che sia costretto ad abbassare il corpo in avanti.

Nel dettaglio (foto 4.066) si vede come la leva deve essere saldamente tenuta con le mani che restano aderenti al vostro corpo.

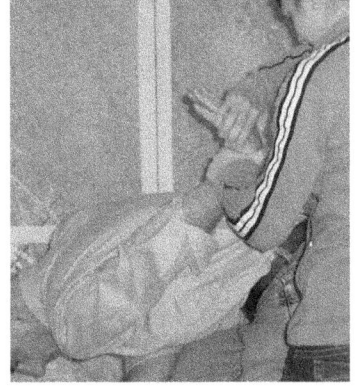

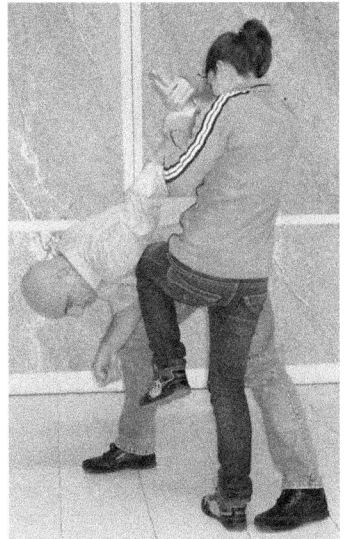

Cogliete ora il momento per *colpire con il ginocchio il torace* dell'aggressore (foto 4.067) e spingere il suo braccio oltre la sua testa in modo da sbilanciarlo e farlo cadere di lato.

Presa al corpo di tipo 3 e tecnica di liberazione

La presa al corpo di tipo 3 viene effettuata dall'aggressore *ponendosi di fronte alla vittima, bloccandole le braccia e avvolgendo il suo corpo* (foto 4.068). Questo tipo di presa potrebbe essere il preludio a un tentativo di violenza e, comunque, è decisamente un'aggressione imbarazzante; la vittima in molti casi è terrorizzata e non ha la forza psicologica né fisica per reagire.

La difesa consiste nello *spingere con entrambe le mani i fianchi dell'aggressore* (foto 4.069) per allontanare il suo bacino dal vostro corpo e creare uno spazio di manovra. La pressione dei pollici, se applicata nelle pieghe inguinali, provocherà dolore e lo costringerà a indietreggiare.

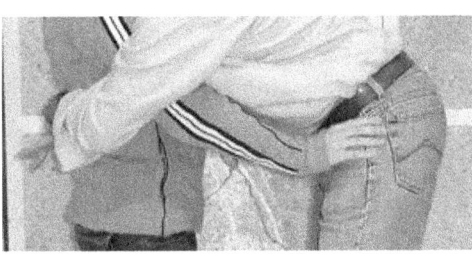

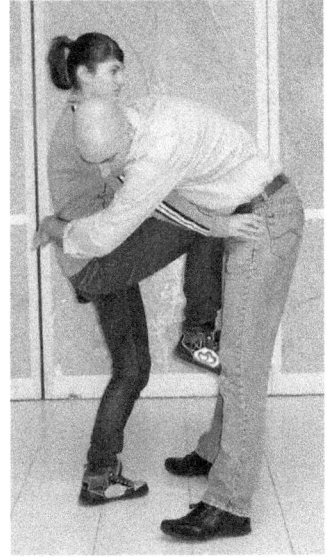

Nel particolare (foto 4.070) il punto preciso da comprimere.

Appena si sarà creato lo spazio di azione, *colpite con una ginocchiata il suo basso ventre* (foto 4.071) cercando di affondare con il ginocchio il più possibile nel corpo dell'avversario.

Ponendo il vostro braccio sinistro sopra l'avambraccio destro dell'avversario, (foto 4.072) ruotate il corpo verso destra e abbassategli il braccio; il suo busto di conseguenza ruoterà e si abbasserà.

Invertite la rotazione del corpo e *colpite l'avversario direttamente al viso con il gomito sinistro* (foto 4.073). Con la mano destra, piegandola sul polso, trattenete le braccia dell'avversario in modo che non possa attutire il colpo.

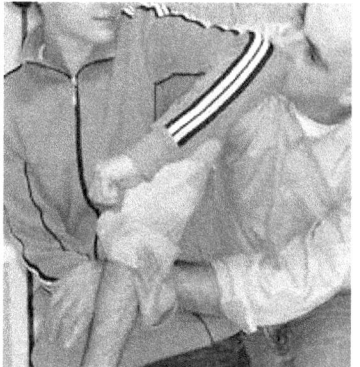

Nel particolare, ecco come posizionare la vostra mano destra (foto 4.074).

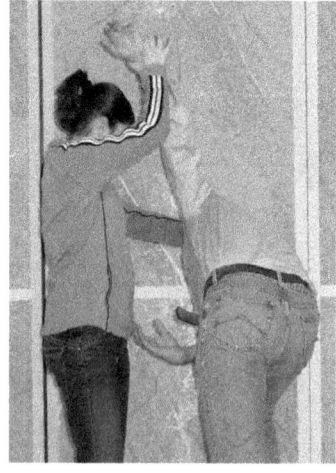

Sempre con la destra, prendete il suo polso sinistro e spingetelo verso l'alto (foto 4.075); con la mano sinistra premetegli la testa verso il basso (nella foto non si vede perché nascosta dal suo corpo) e ruotatela dalla parte opposta con l'intento di sbilanciare l'avversario.

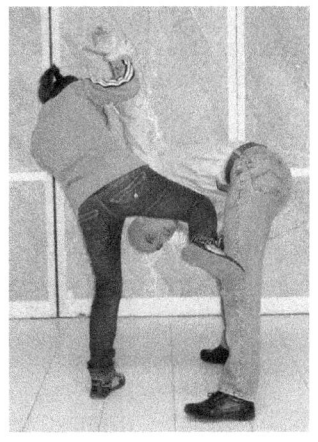 Concludete la serie di controtecniche colpendo nuovamente con il ginocchio il torace (foto 4.076).

Infine indietreggiate e ponetevi in una posizione di guardia a distanza di sicurezza; se ci riuscite, scappate via cogliendo il vantaggio ottenuto a seguito dei colpi effettuati.

SEGRETO n. 15: le prese al corpo sono tipiche dell'aggressione di un uomo nei confronti di una donna; le tecniche di liberazione, per funzionare, devono essere eseguite aiutandosi con i movimenti coordinati di tutto il corpo.

SEGRETO n. 16: ogni liberazione deve essere sempre accompagnata da una serie di colpi di pugno, gomito, calcio o ginocchio per fare in modo che l'avversario non sia più in condizione di reagire e aggredirvi nuovamente.

RIEPILOGO DEL GIORNO 4:

- SEGRETO n. 14: le prese al collo sono molto pericolose, abbastanza complesse da neutralizzare ed è difficile vincere la paura quando sono impreviste; la padronanza dei princìpi e delle tecniche di difesa aiuta a mantenere il controllo della situazione.
- SEGRETO n. 15: le prese al corpo sono tipiche dell'aggressione di un uomo nei confronti di una donna; le tecniche di liberazione, per funzionare, devono essere eseguite aiutandosi con i movimenti coordinati di tutto il corpo.
- SEGRETO n. 16: ogni liberazione deve essere sempre accompagnata da una serie di colpi di pugno, gomito, calcio o ginocchio per fare in modo che l'avversario non sia più in condizione di reagire e aggredirvi nuovamente.

GIORNO 5:
Come difendersi da prese ai capelli e contro il muro

In questo quinto giorno verrano esaminate alcune situazioni particolari, non codificabili, che raramente si trovano descritte nei libri o nei manuali specializzati: essere afferrate e tirate per i capelli, spinte contro un muro, tirate per un braccio o bloccate con la mano sulla bocca. Si tratta di attacchi di per sé rudimentali e facili da realizzare ma che nei comuni corsi di difesa vengono trascurati perché considerati di scarsa utilità pratica o proibiti dalle discipline sportive di combattimento. Proprio per questo è invece giusto esaminare come difendersi almeno da quelli più importanti.

Nel complesso le tecniche di difesa non sono difficili da imparare ma in alcuni passaggi possono risultare più complicate e sofisticate delle precedenti; dovrete quindi riprovarle più volte prestando attenzione soprattutto ai dettagli dei movimenti e ai particolari.

Le prese ai capelli e le tecniche di liberazione

Sono molte le ragazze e le donne che portano i capelli lunghi con acconciature, ad esempio la coda di cavallo, che facilitano la presa di un possibile aggressore. La tirata di capelli è una presa naturale e, per certe persone con il cuoio capelluto particolarmente sensibile, anche molto dolorosa. Un manuale di difesa personale femminile non può prescindere dall'esaminare almeno i due casi più comuni e spiegarne le tecniche di liberazione basate sull'applicazione delle leve articolari già viste.

Presa ai capelli di tipo 1 e tecnica di liberazione

La presa ai capelli di tipo 1 viene effettuata dall'aggressore ponendosi alle spalle della vittima e afferrandole saldamente i capelli; solitamente vengono tirati all'indietro e verso il basso (foto 5.001) per sbilanciarla e metterla in condizione di non poter reagire.

Per neutralizzare tale squilibrio, la ragazza deve subito *abbassarsi verso terra* (foto 5.002) e al tempo stesso *afferrare saldamente la mano* dell'aggressore con entrambe le mani per ridurre la tensione esercitata sui capelli e per bloccarla in modo da poter applicare una leva.

Se la presa viene effettuata dall'aggressore con la mano destra, la ragazza deve ruotare su se stessa verso destra (foto 5.003), viceversa se viene impiegata la mano sinistra, si ha una rotazione verso sinistra.

Nell'ingrandimento (foto 5.004) si vede con maggior chiarezza come bloccare la mano dell'avversario.

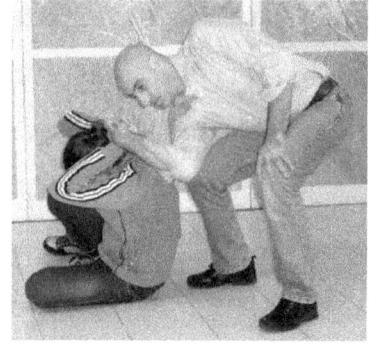

Proseguendo la rotazione nello stesso senso e mantenendo stretta la mano dell'aggressore (foto 5.005) *si genera una leva sul suo polso* che lo costringe a piegare le gambe e a inclinare il braccio per ridurre il dolore.

Proseguendo con l'azione di rotazione, lui finisce a terra (foto 5.006) liberando i vostri capelli dalla presa, mentre la sua mano resta in leva articolare.

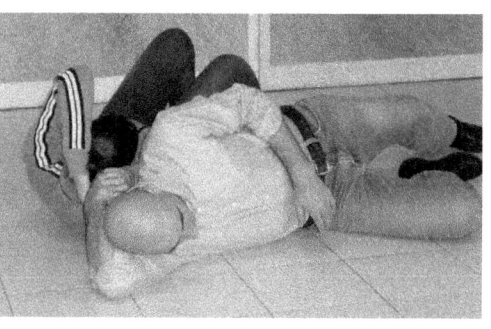

Rialzatevi mantenendo bloccata la sua mano e, con il ginocchio sinistro, colpitelo al fianco a livello dei reni (foto 5.007).

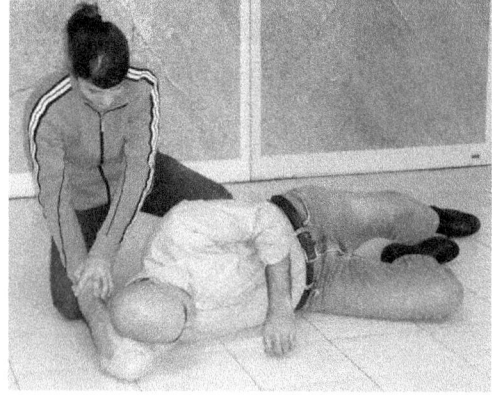

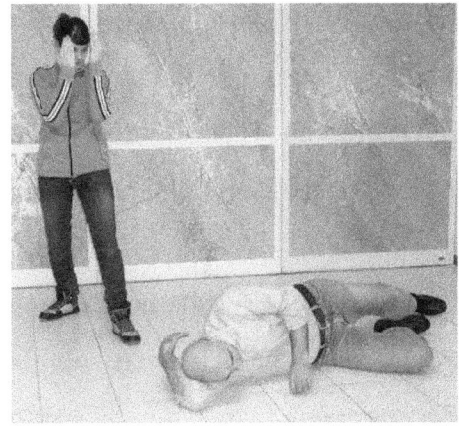

Abbandonate la presa e tornate in piedi assumendo la posizione di guardia di sicurezza (foto 5.008).

Se avete il timore o la sensazione che l'avversario possa ancora alzarsi per aggredirvi, potete colpirlo in via precauzionale con un calcio sulla schiena.

Presa ai capelli di tipo 2 e tecnica di liberazione

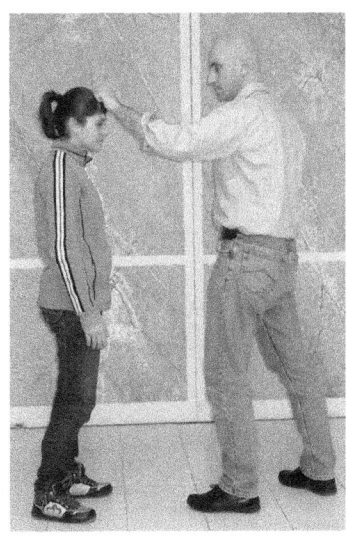

La presa ai capelli di tipo 2 viene effettuata dall'aggressore ponendosi di fronte alla vittima e *afferrandole saldamente i capelli con la mano sinistra* (foto 5.009), solitamente tirando in avanti e verso il basso per provocarle dolore e trascinarla via.

In questo caso bisogna prendere saldamente con entrambe le mani quella dell'aggressore, che nell'esempio è la sinistra (foto 5.010), e inclinare la testa in avanti.

Nell'ingrandimento vediamo come bloccare la mano per applicare poi la leva. *La sua mano va tenuta pressata contro la vostra fronte* (foto 5.011) per impedirgli di allontanarla o di torcervi i

capelli.

Fate un rapido passo verso la sua sinistra (foto 5.012) spingendo la fronte con le gambe e con tutto il vostro corpo; il suo braccio non riuscirà a contrastare la spinta anche a causa della leva esercitata sul suo polso.

Mantenendo sempre la sua mano bloccata, *ruotate il corpo in senso orario, senza inarcare la schiena* (foto 5.013); *spingete poi il suo braccio,* che si trova quasi in posizione verticale, *verso l'alto.* Proseguite con la rotazione del corpo in modo da porvi alle spalle dell'aggressore.

Da dietro all'avversario (foto 5.014) avrete la possibilità di lasciargli libera la mano e scappare, se ha mollato la presa sui capelli, oppure, se continua a trattenerli ancora debolmente, potrete colpirlo più volte con un calcio all'interno del ginocchio sinistro (vedi foto 4.004 e 4.005).

SEGRETO n. 17: le prese ai capelli sono tecniche semplici da praticare contro una donna sia da parte di un uomo che da parte di un'altra donna, la difesa risulta facile se si sfruttano le leve articolari che neutralizzano l'avversario senza il bisogno di applicare la forza fisica.

Si consiglia di esercitarsi nelle liberazioni dalle prese ai capelli facendo molta attenzione, ripetendole più volte in un ambiente ampio, meglio se con un tappeto per attutire eventuali cadute a terra.

Altre tipologie di prese e tecniche di liberazione
Esistono molte altre prese che non sono facilmente classificabili come le prese al collo, al corpo o ai capelli; alcune di quelle che vedremo in questo paragrafo potrebbero essere considerate delle varianti di tecniche già viste.
Non è comunque importante, ai fini dello studio, cercare una loro possibile classificazione ma è utile ricordare i principi su cui si basano le varie liberazioni e automatizzare le possibili difese in modo da poterle utilizzare nella realtà.

Presa al braccio e tecnica di liberazione

L'avversario si avvicina con indifferenza, prende il braccio della ragazza e lo tira a sé (foto 5.015).

La reazione si attua alzando il braccio che è stato preso (foto 5.016) e passandolo sopra all'avambraccio avversario. Per fare maggior forza, *prendete con la mano destra il*

vostro polso e spingete l'avambraccio verso il basso e *verso di voi* (foto 5.017). L'effetto sarà dato dalla leva articolare che si crea sul polso dell'aggressore costringendolo a piegare le gambe.

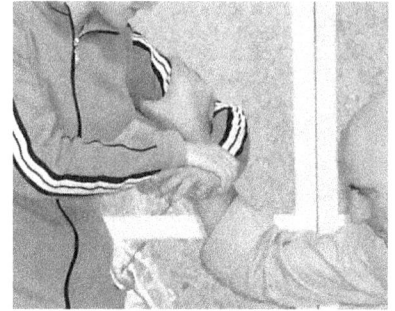

Nell'ingrandimento (foto 5.018) il dettaglio delle mani e dell'azione sull'avambraccio avversario.

Proseguendo con la pressione e inclinando il vostro corpo in avanti, costringete l'aggressore a inginocchiarsi a terra (foto 5.019) rendendovi possibile il contrattacco conclusivo.

Quindi, colpite con il ginocchio destro il viso dell'aggressore (foto 5.020), fate un passo indietro e ponetevi in posizione di guardia. Appena possibile, fuggite e mettetevi al sicuro.

Presa alle spalle e mano davanti alla bocca

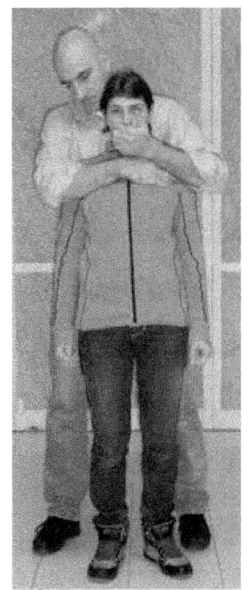

Questo è il tipico attacco di cui l'aggressore si serve per impedire alla vittima di gridare e chiedere aiuto. Solitamente il malintenzionato giunge alle spalle e all'improvviso e pone una mano sulla bocca della ragazza (foto 5.021); con l'altra mano può indifferentemente prenderla al collo, cingerle il seno oppure bloccarle la mano destra dietro alla schiena.

La difesa consiste nell'immediato controllo del suo braccio destro, mentre con la mano sinistra si prende saldamente il mignolo della mano posta sulla bocca (foto 5.022). È importante, una volta afferrato il mignolo, tirarlo verso l'esterno costringendo l'aggressore ad allentare la presa.

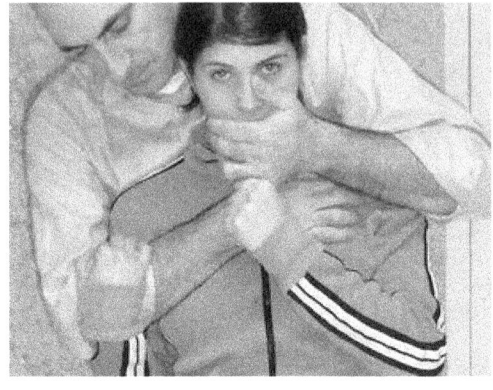

Nel particolare (foto 5.023) si evidenzia la presa al dito mignolo e il movimento da compiere verso l'esterno per liberare la bocca dalla mano.

Tenendo la presa sul gomito e allentando la morsa del braccio sinistro (foto 5.024), andate all'indietro e ponendovi sul suo fianco sinistro; il vostro corpo dovrà rimanere sempre aderente a quello dell'avversario.

Giunte sul fianco, prendete il polso destro dell'aggressore e *incrociate le sue braccia tra di loro* (foto 5.025); spingete in avanti la vostra mano destra mentre tirate indietro la vostra mano sinistra.

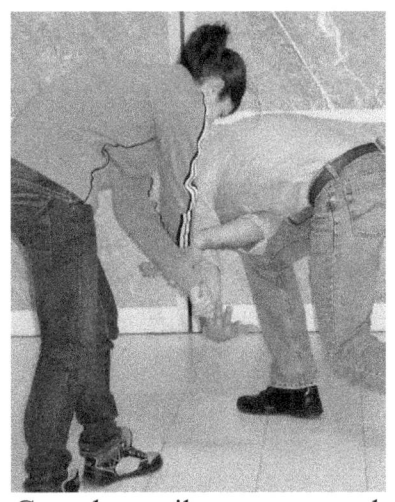
Proseguite accentuando l'incrocio delle braccia (foto 5.026) in modo che l'avversario sia costretto ad abbassare ulteriormente il corpo in avanti per ridurre la tensione della leva articolare combinata sul dito mignolo, sui gomiti e sul polso.

Completate il contrattacco lasciando la presa del polso sinistro dell'aggressore, che naturalmente poggerà la mano a terra per non cadere di faccia sul pavimento, e colpendolo con il ginocchio all'altezza delle costole fluttuanti (foto 5.027).
A questo punto, lui dovrebbe cadere a terra e voi avrete il tempo per scappare e porvi in una situazione di maggiore sicurezza.

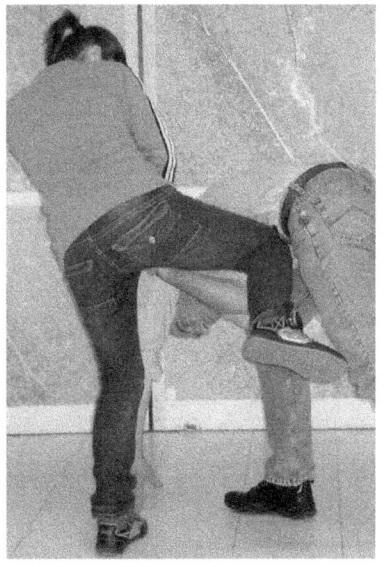

Nella presa con la mano davanti alla bocca verrebbe naturale pensare di reagire utilizzando una delle armi più potenti di cui disponiamo: il morso! Basti pensare che la pressione esercitata a livello dei denti molari è di circa cento chilogrammi per rendersi conto di quanto possa essere pericoloso il morso di una persona adulta. Tuttavia, sconsiglio tale tecnica perché il morso quasi sicuramente provocherebbe una ferita con conseguente sanguinamento e, nel caso di un aggressore sconosciuto, il contatto del suo sangue con la vostra bocca sarebbe fortemente sconsigliato per ovvii motivi sanitari.

In generale, in caso di colluttazione, è buona regola fare il possibile per evitare di entrare in contatto con ferite o sangue dell'avversario e, qualora succedesse, provvedere appena possibile a ripulirvi e disinfettare le mani e le parti del vostro corpo interessate.

SEGRETO n. 18: evitate di usare il morso nella difesa e non entrate in contatto con il sangue dell'avversario qualora rimanga ferito durante la colluttazione; se ciò dovesse accadere, provvedete a pulirvi e disinfettarvi le mani e il corpo appena possibile.

Spinta contro un muro e bloccaggio

Vediamo, infine, alcuni tentativi di bloccaggio in cui l'aggressore spinge la vittima con forza contro un muro cercando di tenerla ferma con le mani e con il peso del suo corpo. Si tratta di una situazione difficile da gestire perché potrebbe trasformarsi anche in un tentativo di violenza sessuale ai danni della donna. Vediamo tre casi possibili e le relative tecniche di liberazione e contrattacco applicabili.

Primo caso: l'aggressore spinge la vittima contro il muro e la stringe al collo.

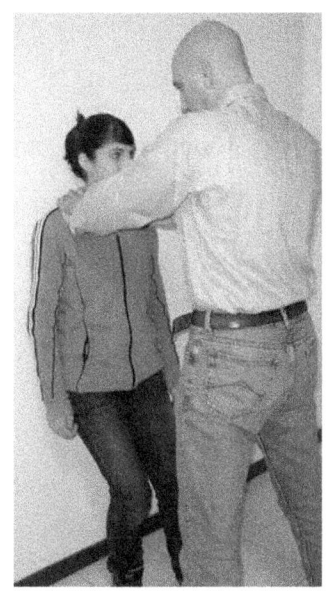

Si tratta di un tipo di aggressione pericoloso perché, di fatto, la vittima si trova in una condizione in cui è difficile scappare, essendo sbilanciata contro la parete e bloccata da un avversario molto più forte di lei (foto 5.028).

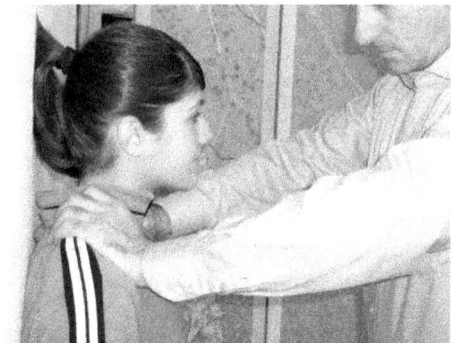

Nel particolare (foto 5.029) entrambe le mani stringono la ragazza al collo ed esercitano una pressione che potrebbe provocare un soffocamento.

La prima difesa è quella di *premere con forza con il dito medio nell'incavo sovrasternale dell'aggressore* (foto 5.030).

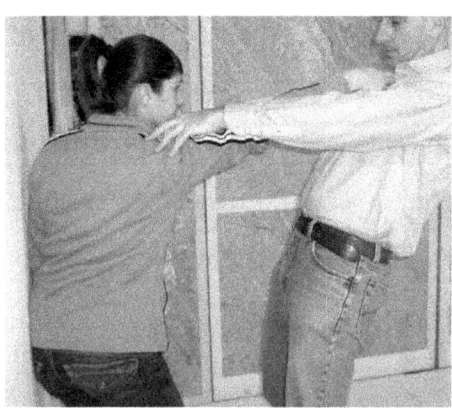

Continuate con la spinta contro la gola dell'avversario (foto 5.031) e, *appoggiando la spalla alla parete, fate ancora più forza* contro di lui, che andrà indietro inarcando la schiena per evitare il soffocamento e lascerà libero il vostro collo.

Dopo aver guadagnato lo spazio sufficiente (foto 5.032), *colpite l'aggressore con un calcio a livello della cintura* e ponete le mani a difesa del viso. Se necessario, ripetete i colpi più volte in sequenza, alternando il calcio destro e quello sinistro, avanzando e allontanando con i piedi l'aggressore.

Secondo caso: l'aggressore spinge la vittima contro il muro e la blocca sugli avambracci.

Con questa aggressione, il malvivente spinge con le mani la vittima contro una parete e la stringe sulle braccia (foto 5.033).
La spinta è data dalla pressione del peso del corpo dell'avversario ed è molto difficile uscire da questo bloccaggio se non si conosce e non si allena la difesa nei particolari.

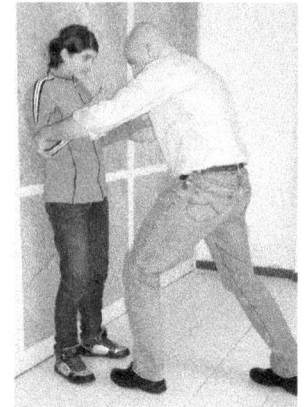

La prima reazione è quella di *alzare le proprie mani e portarle all'interno del corpo* (foto 5.034) appoggiandole all'interno dei gomiti dell'avversario.

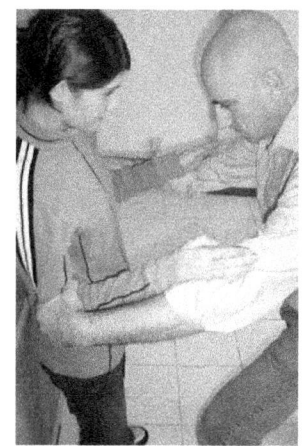

Appoggiate saldamente le mani all'interno dei gomiti dell'avversario (foto 5.035) e preparatevi a spingere le sue braccia verso il basso facendo in modo che l'aggressore pieghi in avanti il corpo.

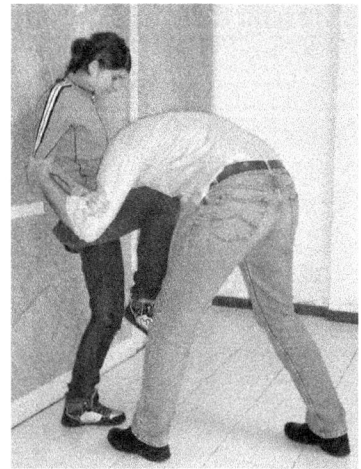

Spingete verso il basso i suoi gomiti e *colpite con il ginocchio il torace* (foto 5.036); per fare più forza, dovrete agire come se voleste salire con il vostro corpo sulle sue braccia, dandovi la spinta con entrambe le mani.

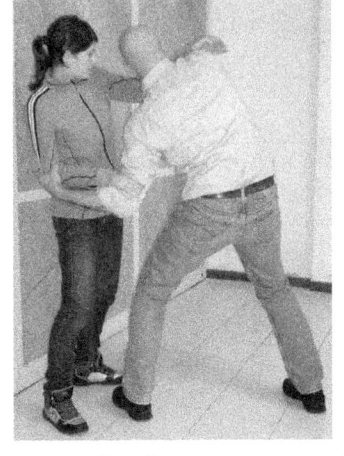

Dopo la ginocchiata, alzate il braccio sinistro e andate a colpire il collo dell'avversario (foto 5.037) mentre tenete saldamente in basso il suo braccio sinistro con la vostra mano destra.

Nel dettaglio (foto 5.038) si nota che lo scopo non è solo quello di *colpire con l'interno del vostro avambraccio sinistro il collo*

dell'aggressore ma anche quello di sbilanciare il suo corpo all'indietro per completare poi la vostra difesa.

Nell'azione (foto 5.039) ruotate anche le spalle e spingetelo indietro con tutto il vostro corpo.

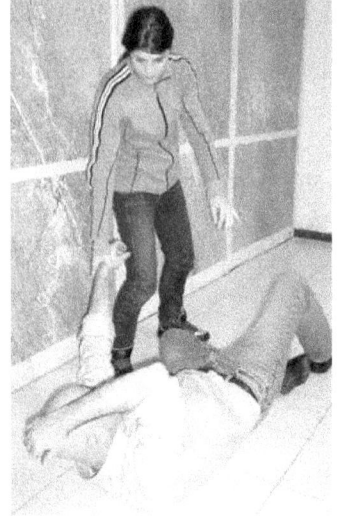

L'aggressore cadrà a terra (foto 5.040) ma mantenete sempre il controllo della sua mano; nella caduta potrebbe battere la testa sul pavimento ed essere quindi inoffensivo, oppure potrebbe tentare di reagire.

In questo caso, prima di abbandonare il luogo dell'aggressione, colpite con il tallone l'addome dell'avversario (foto 5.041) per impedirgli di rialzarsi mentre voi correrete al sicuro.

SEGRETO n. 19: le tecniche che provocano la caduta a terra dell'aggressore possono essere utilizzate anche in alternativa ai colpi perché nell'impatto al suolo l'avversario potrebbe farsi male e non essere più in condizione di aggredire.

Terzo caso: l'aggressore spinge la vittima contro il muro e la blocca ai polsi.

Si tratta di un tipo di *aggressione difficile da neutralizzare* perché l'avversario, dopo aver spinto la vittima contro il muro e averle preso i polsi, esercita su di lei anche una notevole pressione sia con le mani che con il corpo (foto 5.042).

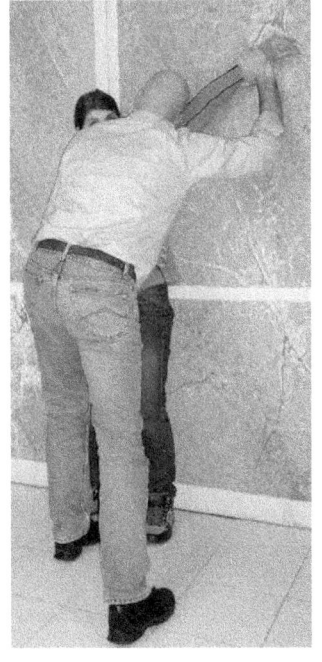

Alzate il vostro braccio che si trova dalla parte della testa dell'avversario (foto 5.043) (la sinistra nell'esempio); fatelo scorrere contro il muro fino a quando non si trova oltre la testa dell'aggressore. Per fare questo movimento, non facile a causa della pressione dell'avversario, sfruttate la posizione favorevole del muro che avrete alle spalle.

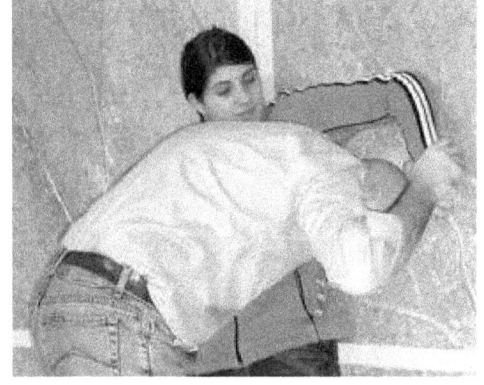

Agganciate la testa dell'aggressore (foto 5.044) e cercate di bloccarla stringendogli attorno il braccio.

Dopo aver bloccato la sua testa sotto il vostro braccio (foto 5.045) alzate anche l'altra mano strisciandola contro il muro per fare meno fatica.

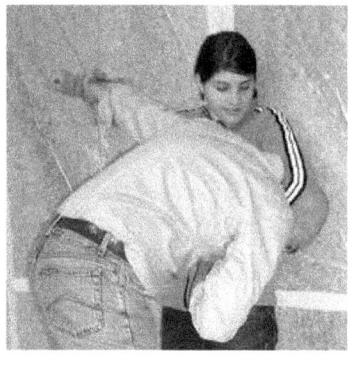

Portate ora in avanti la vostra mano destra piegandola a livello del gomito (foto 5.046) e facendo più forza grazie al fatto che il vostro braccio è appoggiato al muro.

Ruotate ora il corpo verso la vostra sinistra (foto 5.047) e colpitelo con una ginocchiata a livello dell'addome.

Infine, l'avversario cadrà a terra (foto 5.048) e avrete il tempo di fuggire oppure di prepararvi alla difesa.

SEGRETO n. 20: **il fatto di avere un muro alle spalle può essere sfruttato a proprio vantaggio perché è un modo per avere le spalle protette da eventuali attacchi provenienti da dietro.**

SEGRETO n. 21: **anche se non sono facilmente codificabili in quanto non convenzionali, è fondamentale imparare a difendersi dalle prese al braccio, da aggressioni alla bocca e da bloccaggi contro il muro.**

RIEPILOGO DEL GIORNO 5:

- SEGRETO n. 17: le prese ai capelli sono tecniche semplici da praticare contro una donna sia da parte di un uomo che da parte di un'altra donna; la difesa risulta facile se si sfruttano le leve articolari che neutralizzano l'avversario senza il bisogno di applicare la forza fisica.
- SEGRETO n. 18: evitate di usare il morso nella difesa e non entrate in contatto con il sangue dell'avversario qualora rimanga ferito durante la colluttazione; se ciò dovesse accadere, provvedete a pulirvi e disinfettarvi le mani e il corpo appena possibile.
- SEGRETO n. 19: le tecniche che provocano la caduta a terra dell'aggressore possono essere utilizzate anche in alternativa ai colpi perché nell'impatto al suolo l'avversario potrebbe farsi male e non essere più in condizione di aggredire.
- SEGRETO n. 20: il fatto di avere un muro alle spalle può essere sfruttato a proprio vantaggio perché è un modo per avere le spalle protette da eventuali attacchi provenienti da dietro.
- SEGRETO n. 21: anche se non sono facilmente codificabili in quanto non convenzionali, è fondamentale imparare a difendersi dalle prese al braccio, da aggressioni alla bocca e da

bloccaggi contro il muro.

GIORNO 6:
Come difendersi da un'aggressione in posizione seduta

La realtà ci insegna che il malvivente esperto preferisce attaccare quando la sua preda si trova nelle condizioni più sfavorevoli per reagire. Trovarsi in posizione seduta, per chi non è abituata a difendersi, rende difficili e rallentati i movimenti rispetto a chi si trova in piedi, che è decisamente avvantaggiato nelle azioni. Un manuale di autodifesa femminile non può prescindere dall'esame di alcuni casi di aggressione portati da un avversario contro una persona seduta, vedremo quindi quelli più frequenti descrivendo le migliori tecniche di difesa e contrattacco. Sebbene quest'ultime sembrino semplici e intuitive, vanno studiate e allenate bene in modo da poter essere eseguite con la dovuta rapidità e perizia e affinché siano realmente efficaci.

Gli attacchi da seduta e le tecniche di liberazione
In questo primo paragrafo vediamo i tipi di aggressione ai danni

di una persona seduta.

Aggressione di tipo 1 su persona seduta e tecnica di liberazione

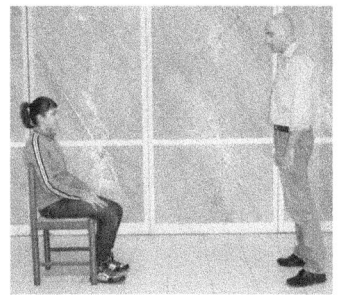

La ragazza è seduta e l'aggressore si trova davanti a lei (foto 6.001) alla distanza di un passo circa; si tratta quindi di una situazione in cui lo può vedere e capire in tempo le sue intenzioni.

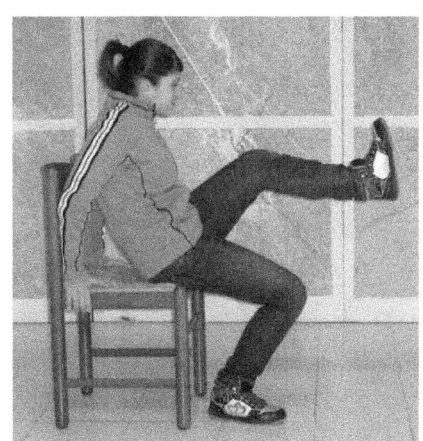

La difesa, che consiste in un semplice calcio frontale, deve essere preparata (foto 6.002). *Si avanza con il bacino sul bordo anteriore della sedia, si poggiano saldamente le mani alla base dello schienale* e si punta un piede sul pavimento mentre si solleva e si carica l'altro frontalmente.

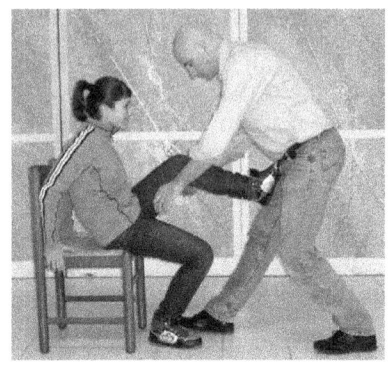

La difesa consiste nel colpire con un calcio frontale l'avversario che si avvicina (foto 6.003) scaricando sulla coscia tutta la potenza del colpo.

È importante che, prima di colpire, *il vostro corpo si sposti in avanti in modo da portare avanti anche il baricentro.*

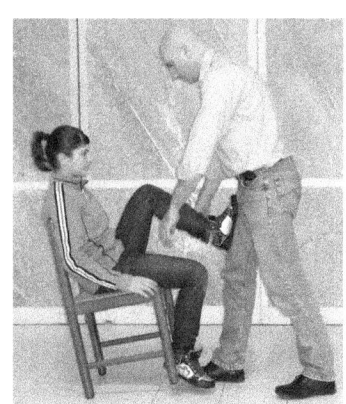

Se ciò non avvenisse (foto 6.004), nell'impatto con l'aggressore la spinta farebbe inclinare la sedia all'indietro con il rischio di farvi cadere sulla schiena.

Nel particolare (foto 6.005) si evidenzia lo squilibrio all'indietro e il rischio di ribaltamento.

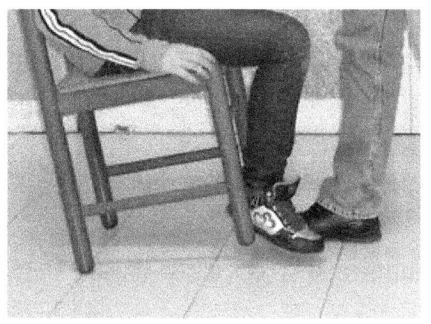

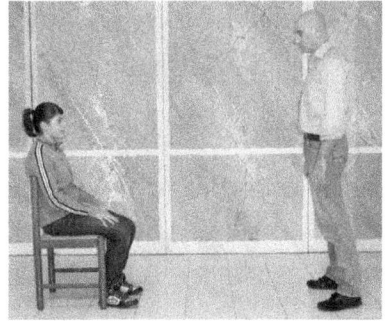

Se invece l'avversario è più lontano e si sta avvicinando camminando frontalmente verso di voi (foto 6.006), potreste utilizzare la sedia come barriera contro di lui.

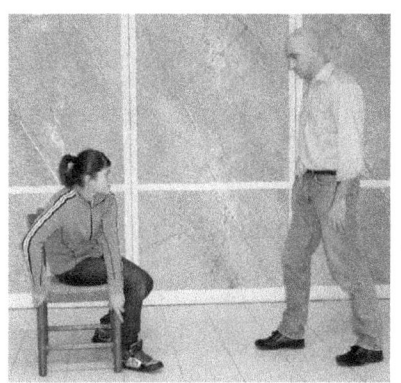

Piegate il corpo di lato e, senza perdere di vista l'aggressore (foto 6.007), *impugnate le gambe della sedia in modo da avere una presa più salda* e un miglior bilanciamento.

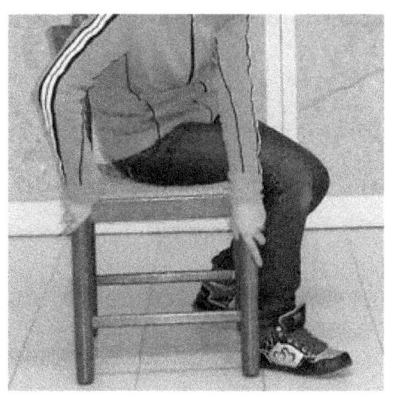

Nel particolare si vede che i piedi devono poggiare saldamente a terra e, come nell'esempio (foto 6.008), se le braccia impugnano la sedia sul lato destro, dovete essere pronte ad alzarvi e posizionarvi alla vostra sinistra.

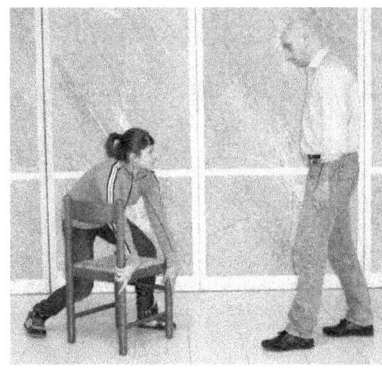

Sempre puntando l'aggressore, riparatevi dietro la sedia (foto 6.009) pronte a sollevarla rivolgendo le gambe della stessa contro di lui.

Una sedia, impugnata come scudo, può essere utilizzata per colpire l'avversario con la punta delle gambe (foto 6.010), può essere lanciata contro di lui per poi fuggire immediatamente in direzione opposta, oppure tenuta saldamente come elemento di separazione tra sé e l'aggressore. Successivamente cercherete un modo per allontanarvi dalla situazione di pericolo oppure per gridare e chiedere l'aiuto di qualcuno.

SEGRETO n. 22: la sedia può essere uno strumento da utilizzare per migliorare la difesa, trasformata in un ostacolo o in un semplice elemento di disturbo per l'avversario.

Aggressione di tipo 2 su persona seduta e tecnica di liberazione

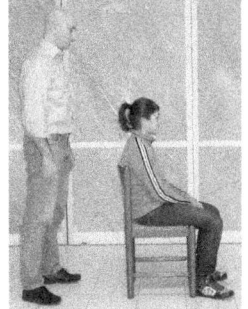

Nell'aggressione di tipo 2 l'avversario è posizionato esattamente dietro la ragazza (foto 6.011) e l'azione avviene senza che lei se ne accorga prima.

Improvvisamente l'aggressore si china con il corpo e avvolge il suo collo con il braccio destro (foto 6.012) mentre pone la sua testa a

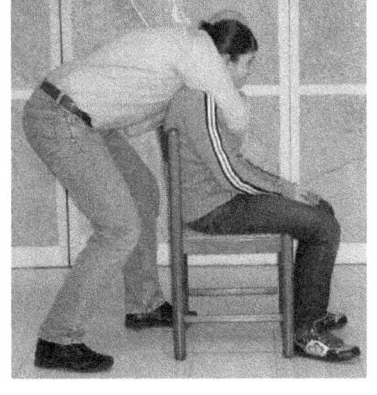

livello della spalla sinistra.

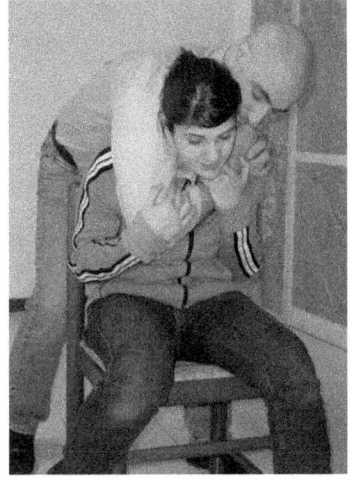

Tale presa è molto forte e la vostra prima reazione consisterà nel *bloccare con le mani il suo avambraccio* (foto 6.013) agendo sull'incavo del gomito e sul polso.

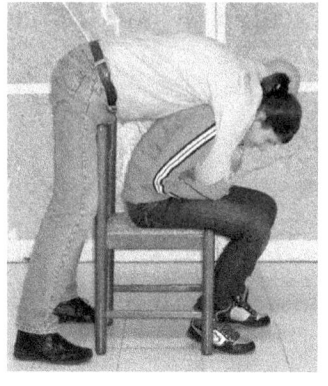
Nello stesso tempo, piegatevi in avanti (foto 6.014) facendo in modo che il bacino dell'aggressore si blocchi sullo schienale della sedia. Questa azione metterà in difficoltà l'avversario che ora è in una posizione scomoda e i movimenti delle sue gambe sono ostacolati dallo schienale.

Alzatevi dalla sedia (foto 6.015), piegate il ginocchio a terra mantenendo il corpo dell'aggressore sbilanciato in avanti e limitando così i suoi movimenti e la sua capacità di reazione.

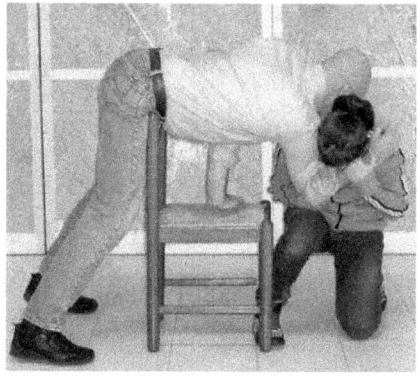

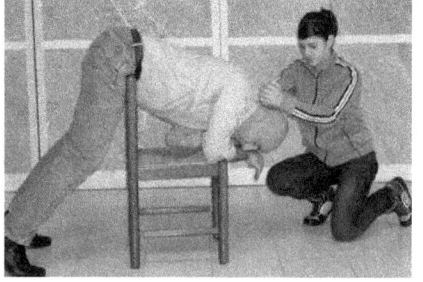
Lasciate ora libero il suo braccio destro e *colpitelo con uno o più pugni di seguito* (foto 6.016) alla base del collo.

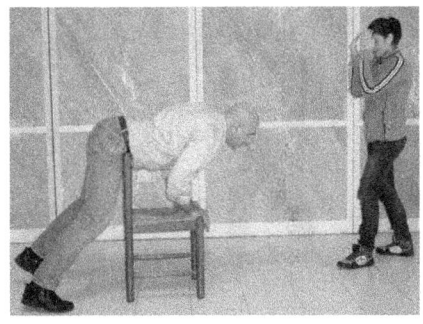

Assumete subito la posizione di guardia in sicurezza (foto 6.017) e controllate l'avversario; se temete che possa ancora assalirvi, colpitelo con un calcio al viso prima di fuggire in un posto più sicuro.

Aggressione di tipo 3 su persona seduta e tecnica di liberazione

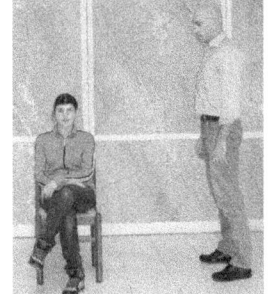

L'aggressione di tipo 3 vede l'avversario posizionato di fianco alla ragazza (alla sua sinistra) mentre lei è tranquillamente seduta sulla sedia. (foto 6.018).

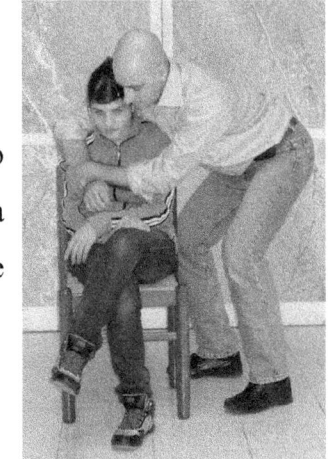

Improvvisamente l'aggressore si avventa su di lei (foto 6.019) avvolgendole con le braccia la testa e il collo, e appoggiandosi anche con il torace.

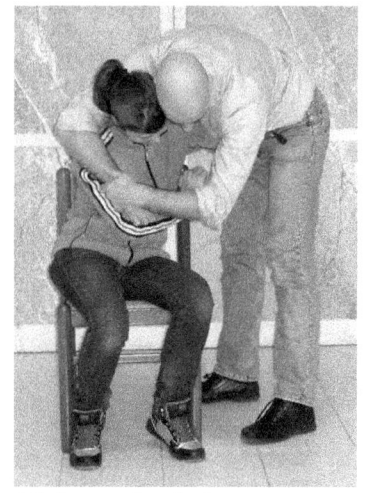

La prima difesa consiste nel *colpire con forza allo stomaco con il gomito sinistro* (foto 6.020) ruotando il bacino sulla sedia per imprimere maggior potenza al colpo e per prepararvi alla fuga.

Chinatevi al lato opposto a quello dell'avversario (foto 6.021) e trattenete la sua mano destra che è ancora attorno al vostro collo.

Nel particolare si evidenzia (foto 6.022) che *la vostra mano sinistra spinge il bordo della sedia* in modo che questa non scivoli verso di voi sotto la spinta esercitata dal peso dell'aggressore.

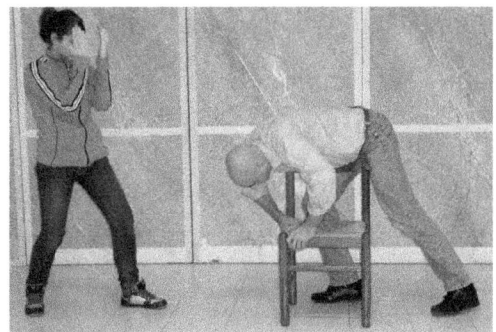

Infine, vi rialzate e vi mettete in posizione di guardia di sicurezza (foto 6.023).

Se temete che l'avversario vi possa aggredire nuovamente potete completare la difesa colpendolo con un calcio al viso.

Aggressione di tipo 4 su persona seduta e tecnica di liberazione

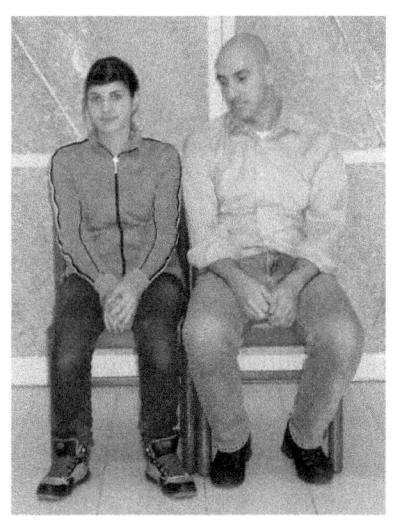

L'aggressore è tranquillamente seduto accanto alla vittima (foto 6.024) e aspetta il momento propizio per agire. Nell'esempio è seduto su una sedia alla sinistra della ragazza; potrebbe trattarsi della panchina di un parco o del divanetto di una discoteca: il metodo di difesa non cambia.

L'approccio inizia ponendo il braccio attorno al collo della ragazza e avvicinandosi ulteriormente con il corpo (foto 6.025); con l'altra mano l'aggressore può prendere il polso sinistro della ragazza oppure bloccarle il corpo come preludio a una molestia sessuale.

La reazione immediata è quella di bloccare con la vostra mano destra il suo polso destro e *colpire* (foto 6.026) *al mento o al collo* con il gomito.

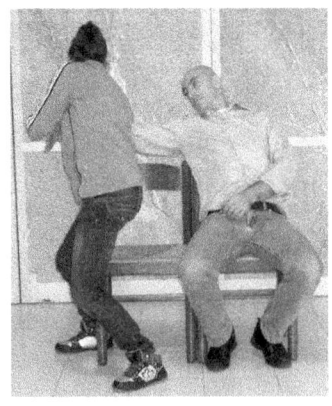
Alzatevi ruotando la mano dell'avversario con il palmo verso l'alto (foto 6.027) e *portate in leva il suo polso destro dietro lo schienale della sedia.*

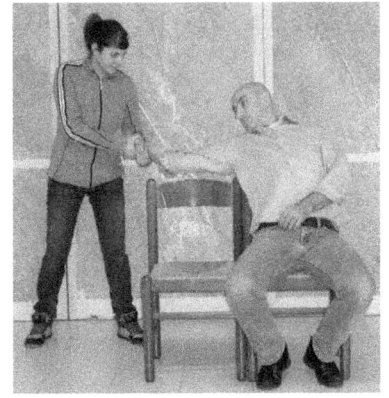

Create quindi una *iperestensione al suo braccio che è teso e rivolto verso l'alto* (foto 6.028) mentre siete al sicuro dietro la sedia e controllate la situazione.

Nel particolare (foto 6.029) si vede come *tenere il polso facendolo ruotare* in senso antiorario.

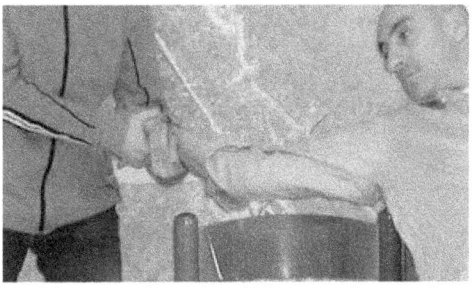

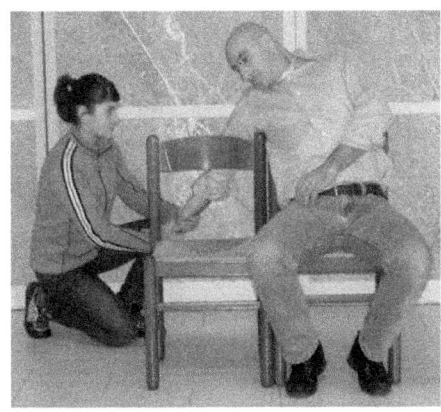

Si completa la difesa spingendo dietro lo schienale della sedia e verso il basso (foto 6.030) il polso con il palmo rivolto verso l'alto. Questa azione crea una leva alla spalla dell'avversario, che resterà quindi bloccato in tale posizione.

Un altro caso di approccio di tipo 4, tipico delle molestie sessuali, prevede che il malintenzionato poggi la mano sulla gamba della ragazza dopo essersi seduto al suo fianco (foto 6.031). Questa avance può avvenire in locali, uffici o ambienti privati poco frequentati.
Nell'esempio è la mano destra a essere poggiata sulla gamba sinistra della ragazza (foto 6.032). *La prima difesa non deve essere quella di fuggire* per non dare all'aggressore il vantaggio tecnico di poter attuare un altro tipo di approccio.

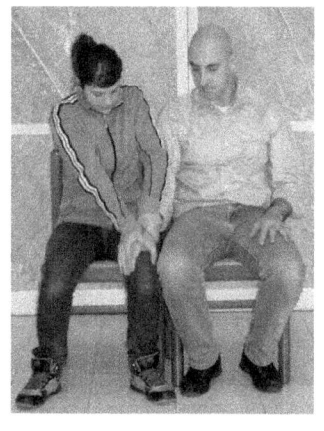

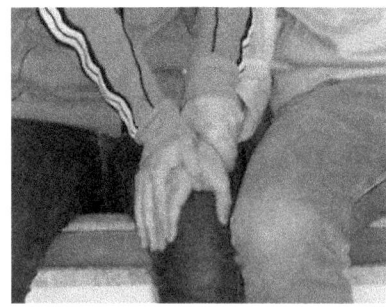
Dovete, invece, *bloccare la sua mano sovrapponendo la vostra destra alla sua* (foto 6.033), mentre con la sinistra stringete il suo polso.

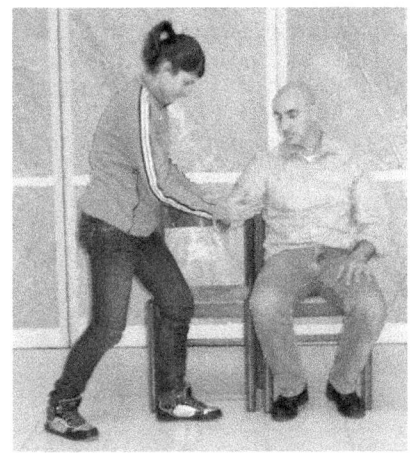
Tenendo ferma la mano in leva, *vi alzate dal lato opposto* (foto 6.034) *ruotando il corpo* e preparandovi a ruotare anche il suo braccio in senso antiorario.

Proseguite con la rotazione del suo polso saldamente bloccato dalle vostre mani (foto 6.035), e tiratelo contemporaneamente verso di voi in

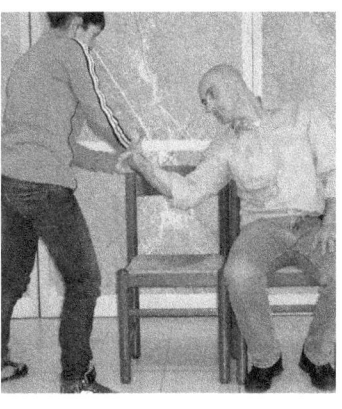

modo da amplificare il dolore della leva articolare.

L'aggressore, a causa della leva, sarà costretto a

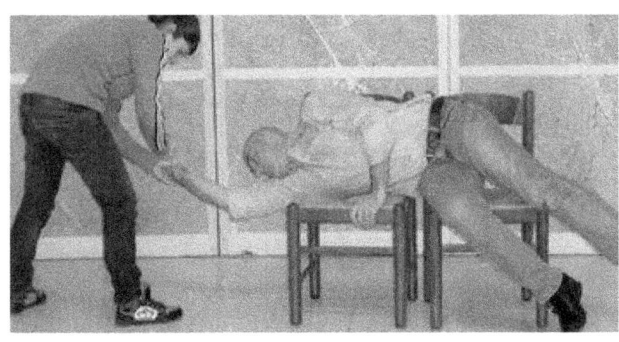

stendersi sulla sedia (foto 6.036) e potrete quindi lasciare la presa, colpirlo al viso e fuggire.

SEGRETO n. 23: molte aggressioni su una donna seduta sono tipiche delle molestie sessuali e, considerato il coinvolgimento emotivo di entrambe le parti, le tecniche di difesa devono essere studiate e allenate a lungo affinché funzionino.

I possibili attacchi da sedute dietro a un tavolo e le relative tecniche di liberazione

Molto spesso le sedie sono collocate in prossimità di un tavolo e, se l'aggressione avviene mentre siete sedute, questa presenza del tavolo potrebbe diventare un'ulteriore complicazione. La regola generale insegna che nella difesa personale bisogna sempre sfruttare l'ambiente a proprio vantaggio e quindi è importante essere preparate e pronte a muovervi in modo disinvolto tra sedie e tavoli, che potreste facilmente trasformare in ostacoli e in trappole per l'aggressore.

Vediamo ora dei casi pratici di aggressione verso una ragazza seduta a un tavolo e alcune semplici tecniche difensive che sfruttano molti princìpi e abilità già acquisite nelle situazioni precedenti.

Aggressione di tipo 1 su persona seduta a un tavolo e tecnica di liberazione

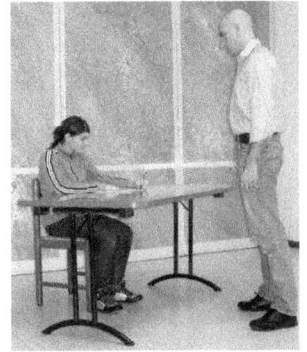

Nell'aggressione di tipo 1 *l'avversario è posto di fronte alla ragazza che si trova al di là del tavolo* (foto 6.037); nel migliore dei casi la minaccia può essere gestita attraverso il dialogo e le buone maniere.

Nel caso di aggressione vera e propria, in genere l'avversario pone le mani sul tavolo (foto 6.038) e minaccia la ragazza.

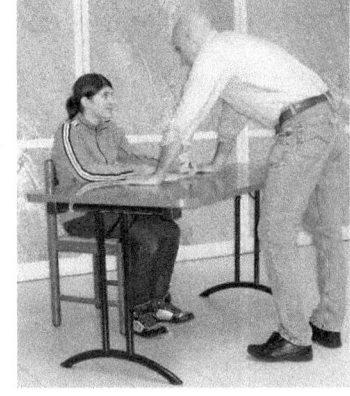

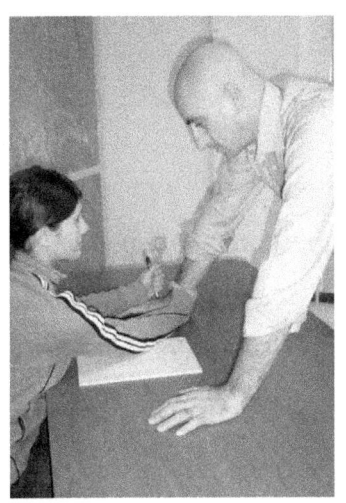

Con la mano destra, afferrate la sua destra (foto 6.039) e, colpendola con un oggetto a disposizione, ad esempio la punta di una penna, fate in modo che sollevi di poco la mano dal tavolo.

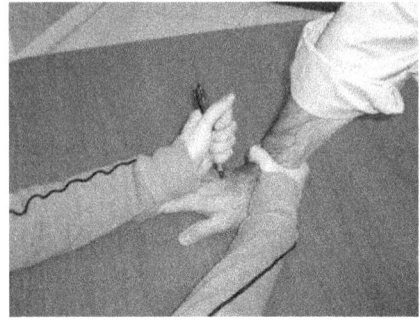

Nel particolare, l'azione di bloccaggio e controffensiva (foto 6.040).

Immediatamente dopo, *tirate il suo braccio in diagonale sul tavolo* mantenendo la mano verso l'alto (foto 6.041).

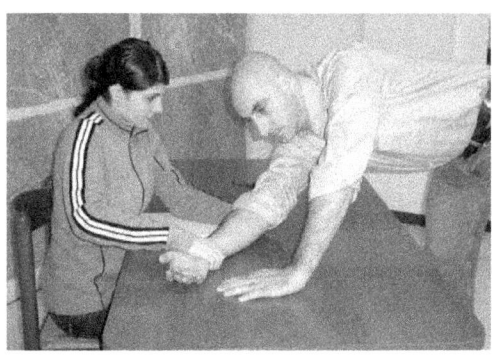

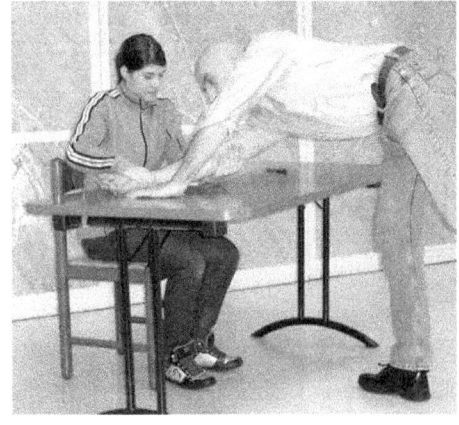

L'aggressore, *sbilanciandosi, cade con la spalla destra sul tavolo* (foto 6.042), quindi prepararvi ad alzarvi rapidamente per controllare la sua prevedibile reazione.

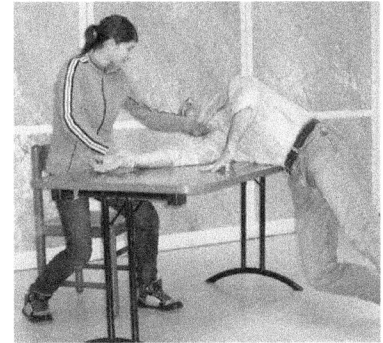
Mentre vi alzate per mettervi in sicurezza (foto 6.043), continuate a tirare il suo braccio destro e, *con la mano sinistra poggiata sul collo, fatelo girare* sopra al tavolo.

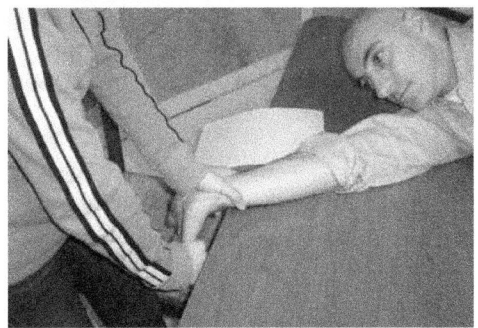
Se l'avversario cerca di reagire (foto 6.044) potete bloccarlo esercitando una torsione della sua mano e del polso contro il bordo del tavolo.

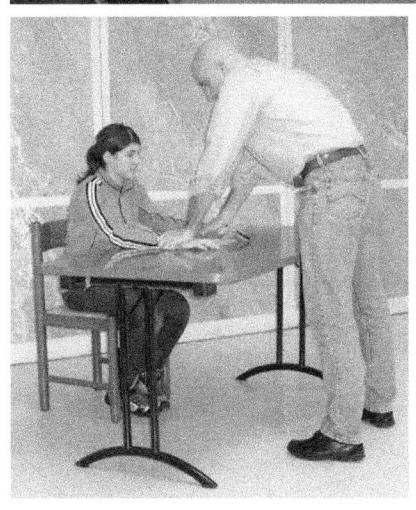
In *questa nuova presa sempre di tipo 1, l'aggressore afferra con le mani entrambi i polsi della ragazza* (foto 6.045) e li tiene bloccati contro il tavolo.

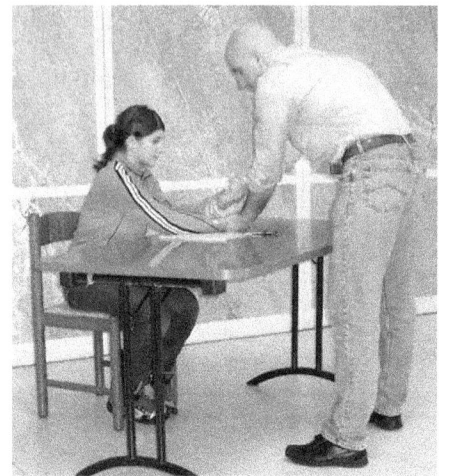

La difesa è simile a quella del caso di *presa ai polsi in piedi di tipo 2 con due mani* (vedi foto 3.046). Si uniscono le mani in modo che la vostra destra prenda il polso destro dell'avversario (foto 6.046).

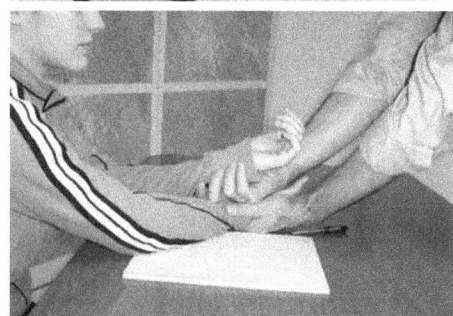

Nel particolare (foto 6.047) si vede meglio l'intreccio delle mani.

Vi alzate in piedi e *applicate una leva articolare sul suo polso* costringendolo a girarsi sul fianco destro (foto 6.048).

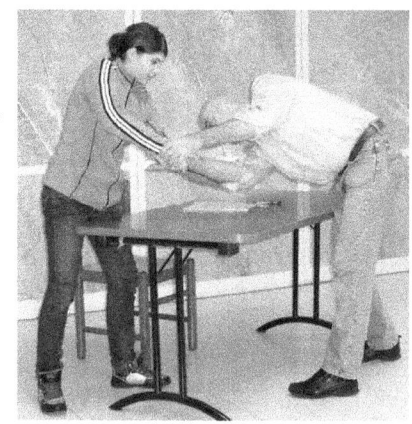

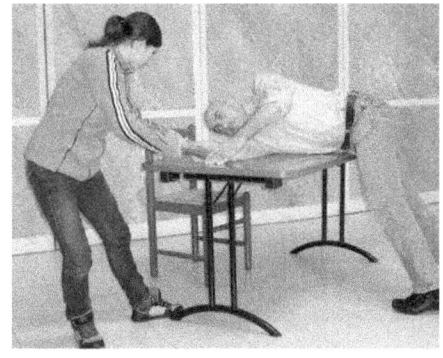

Proseguite il contrattacco tirando verso di voi il suo braccio (foto 6.049) e mantenendo la leva sul polso.

Infine, *colpite al viso con un pugno* (foto 6.050) e lasciate il tavolo mettendovi al sicuro prima che l'aggressore si riprenda.

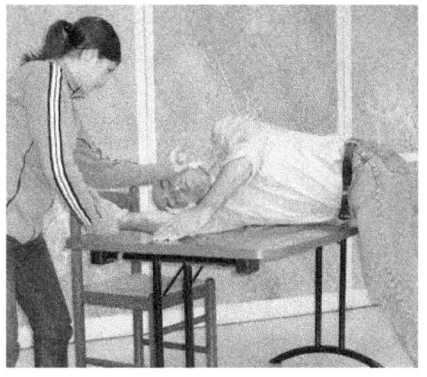

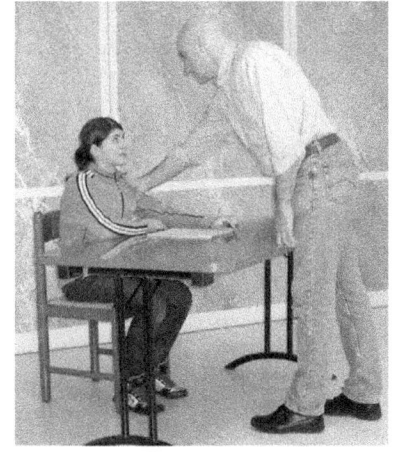

In *questa nuova presa di tipo 1 l'aggressore prende con la mano destra la ragazza per il bavero* (foto 6.051) per trarla a sé o verso destra; il pericolo è costituito anche dal fatto che con l'altra mano potrebbe colpirla.

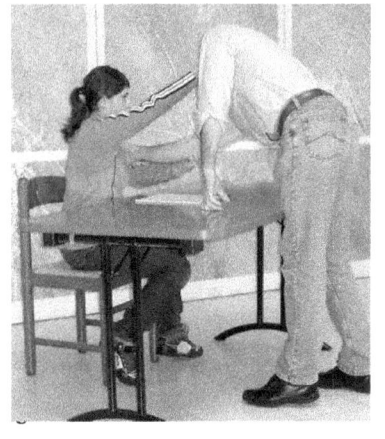

La prima difesa consiste nel *colpire l'aggressore alla testa* (foto 6.052) con la mano destra, mentre con la mano sinistra prendetelo per la manica destra e tiratelo verso il tavolo.

Nel particolare (foto 6.053) si può vedere che il colpo è portato a mano aperta e diretto al padiglione auricolare.

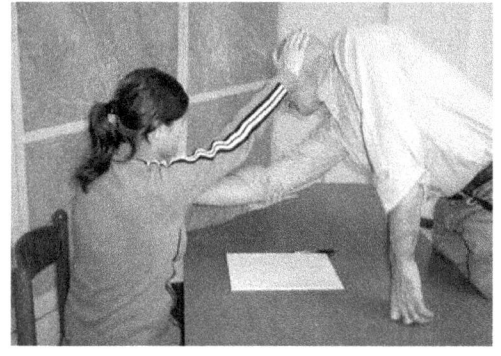

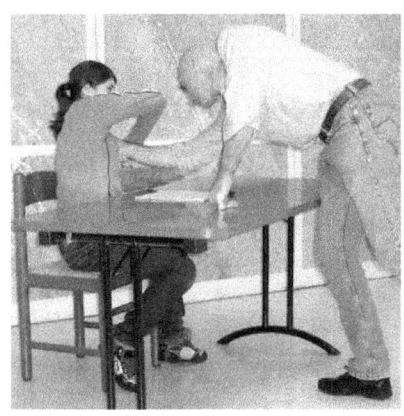

Prendete poi il polso dell'avversario (foto 6.054) con la mano destra e, *ruotando il vostro corpo verso destra, portate il suo braccio sul tavolo.*

Nel particolare (foto 6.055) si vede esattamente come prendere la mano dell'aggressore per riuscire a girarlo sul tavolo aiutandovi con la mano sinistra.

Mantenendo il polso destro dell'aggressore in leva, alzatevi dalla sedia e *spingete con tutto il corpo il suo braccio contro il tavolo* (foto 6.056).

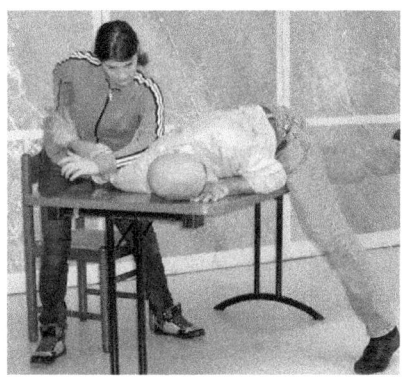

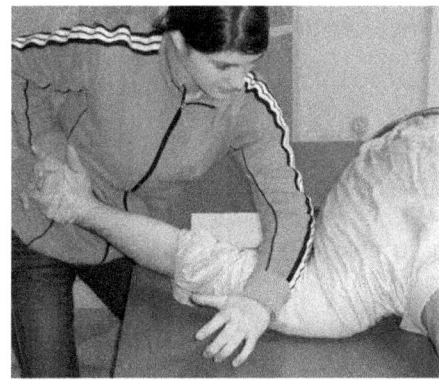

Nel particolare si vede come effettuare il bloccaggio (foto 6.057) in modo che l'aggressore non possa reagire; è importante mantenere il suo polso in leva articolare.

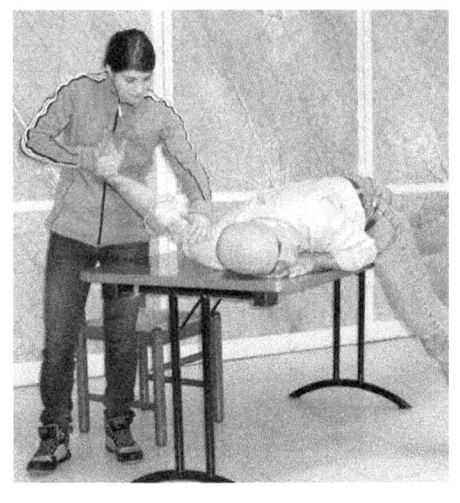

Alzando il polso in leva verso l'alto, con il suo braccio teso e spingendo la sua spalla sul tavolo (foto 6.058), si riesce a tenere fermo l'aggressore fino a quando non si sarà tranquillizzato.

Se l'avversario cercasse di reagire in modo violento, *alzando ulteriormente il suo braccio e spingendolo in direzione della testa amplificherete il dolore alla spalla*; in alternativa è possibile colpirlo alla nuca per avere il tempo di fuggire.

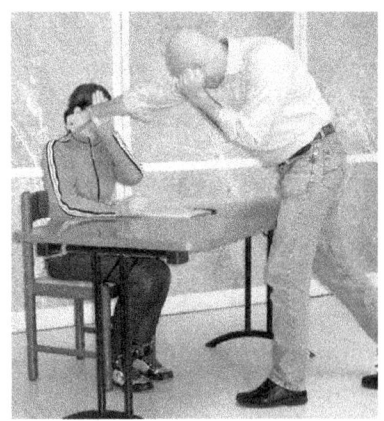

In *quest'ultima aggressione di tipo 1 l'avversario sferra un pugno al viso della ragazza* con la mano destra (foto 6.059); deviate il colpo con la vostra mano sinistra fuori dal bersaglio.

Appena deviato il pugno, prima che l'aggressore possa ritrarre la mano, prendete il suo polso con entrambe le mani (foto 6.060) *e alzatevi in piedi* spingendo indietro la sedia con le gambe.

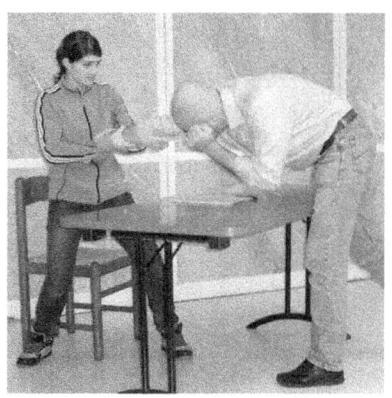

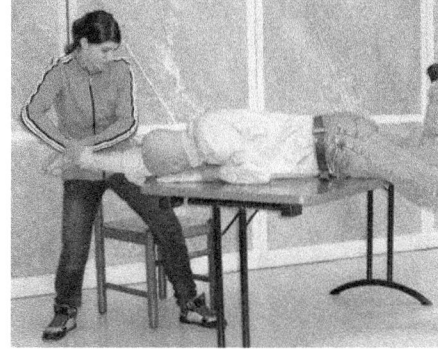

Tirate poi il braccio verso di voi (foto 6.061) aiutandovi spostando il vostro corpo indietro.

Colpite con il gomito sinistro la sua testa (foto 6.062) e tenete salda la presa del suo polso destro per mantenere il controllo della situazione.

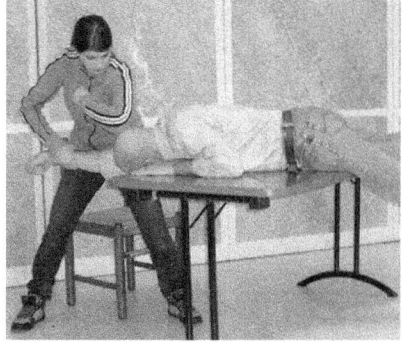

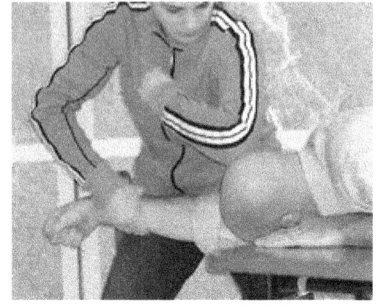

Nel particolare (foto 6.063) si può vedere in modo più chiaro come dovrete portare il colpo di gomito per rendere inoffensivo l'aggressore.

Aggressione di tipo 2 su persona seduta a un tavolo e tecnica di liberazione

L'aggressione di tipo 2 si ha quando *l'avversario è seduto allo stesso tavolo della sua vittima ma di fianco*. Si tratta di un tipo di aggressione che avviene a seguito di una discussione o di un alterco tra i due e non inizia quasi mai con un colpo diretto ma con una presa. Vediamo ora due possibili casi.

Nel *primo caso* le due persone sono sedute allo stesso tavolo e stanno parlando tra loro (foto 6.064).

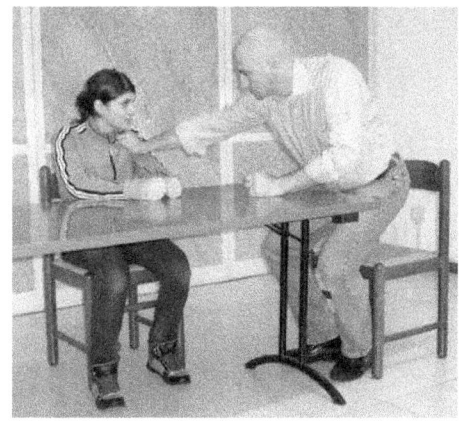

All'improvviso l'aggressore si alza e *con la mano destra prende il bavero* della felpa della ragazza (foto 6.065) minacciandola.

La prima difesa consiste nel *bloccare con la sinistra il polso avversario* (foto 6.066) e nel *colpirlo con la mano destra aperta a livello del padiglione auricolare.*

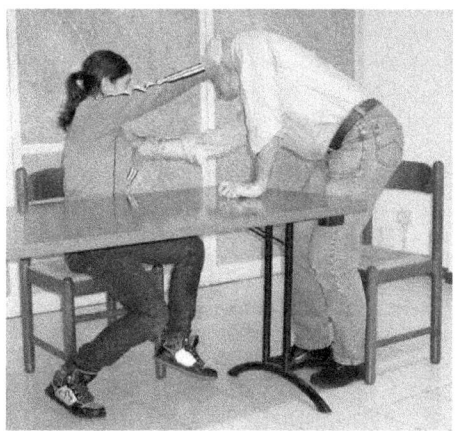

Nel dettaglio si vede come colpire e, soprattutto, come bloccare il polso destro (foto 6.067).

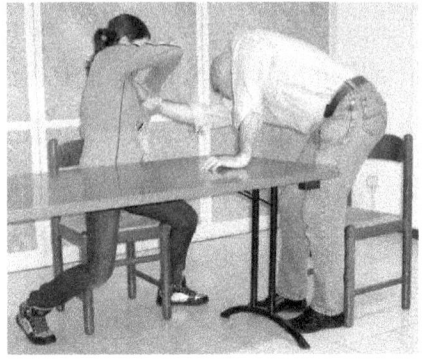

Con la mano destra andate in aiuto alla sinistra, *raddoppiate la presa al suo polso destro* e alzatevi in piedi (foto 6.068).

Ruotando il corpo verso destra, *provocate una torsione al braccio destro dell'avversario,* che si piegherà in avanti poggiandosi al tavolo con l'altra mano e poi con il corpo (foto 6.069).

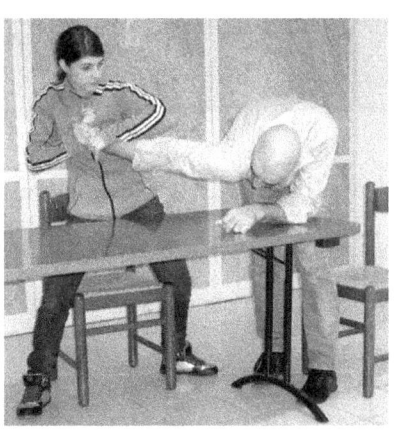

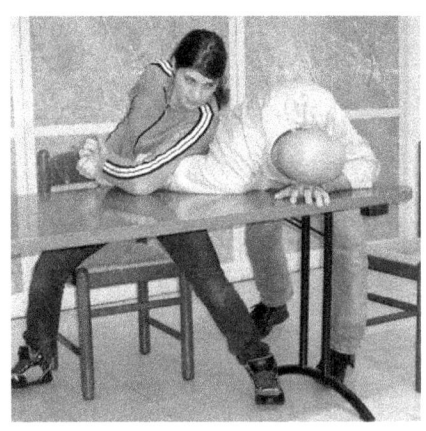

Proseguite con il bloccaggio *appoggiando la spalla con tutto il peso del vostro corpo sul braccio dell'avversario* (foto 6.070) e mantenendo il suo polso in leva con entrambe le mani.

Con questo tipo di bloccaggio (foto 6.071) l'avversario avrà difficoltà a reagire e, qualora cercasse di girare su se stesso, *lo terrete bloccato spingendo verso l'alto il suo braccio già in leva.*

Nel *secondo caso* le due persone stanno sedute al tavolo (foto 6.072) e dialogano normalmente.

Ad un tratto *l'aggressore blocca con la mano destra il polso sinistro della ragazza* e la minaccia (foto 6.073) stringendolo forte.

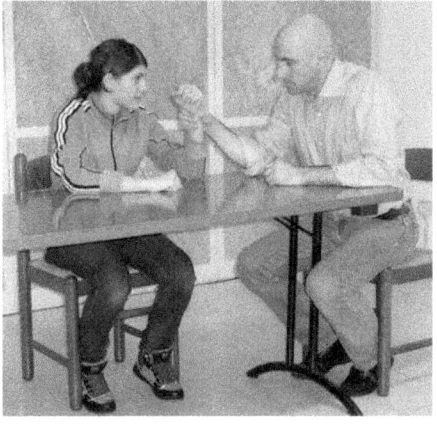

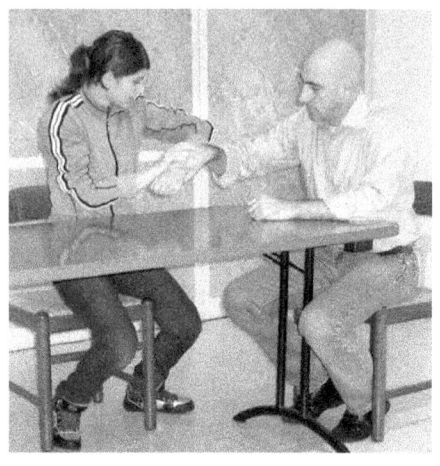

La difesa consiste nel *bloccare con la mano destra quella dell'aggressore* (foto 6.074) e nel portare il vostro avambraccio sopra a quello dell'avversario mettendo in leva il suo polso.

Dal particolare (foto 6.075) si vede che si tratta della stessa *difesa da presa ai polsi di tipo 1* (già vista nella foto 3.006) che ora viene eseguita da sedute.

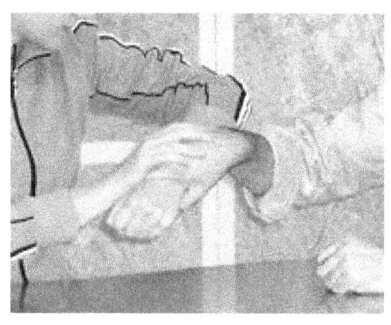

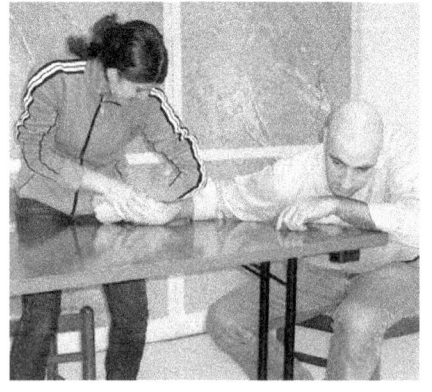

Proseguite con il movimento *portando il braccio dell'aggressore, già in leva, sul tavolo* (foto 6.076) e gravate con il peso del vostro corpo sul suo polso.

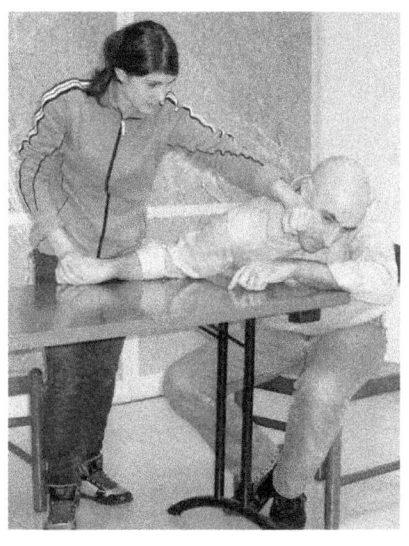Concludete la difesa liberandovi il braccio sinistro e *colpendo con un pugno il volto dell'avversario* (foto 6.077).

La vostra mano destra manterrà la leva al polso dell'aggressore per essere in grado di reagire a una sua ulteriore reazione aggressiva.

SEGRETO n. 24: la presenza di un tavolo nel luogo dell'aggressione può essere trasformata in un vantaggio se cercate di girare attorno ad esso frapponendolo tra voi e l'avversario.

Sono possibili anche altri tipi di aggressione quando la vittima è seduta su una sedia oppure su un divano, una panchina al parco piuttosto che al tavolo di un bar; in molti casi la difesa è simile a quella già studiata in piedi, con la variante che, essendo eseguita da sedute, i movimenti potrebbero risultare parzialmente limitati.

Oltre ai casi sopra illustrati, provate, con tranquillità e calma insieme a un compagno di allenamento, a immaginare delle nuove situazioni da sedute, partendo dalle difese che conoscete già, e applicatele ove possibile come nell'ultimo caso descritto.

SEGRETO n. 25: in molti casi, specie nelle prese ai polsi, l'esecuzione della tecnica difensiva è la stessa sia nel caso in cui la vittima si trovi in piedi che seduta; deve solo essere allenata e provata nelle due situazioni distinte.

RIEPILOGO DEL GIORNO 6:

- SEGRETO n. 22: la sedia può essere uno strumento da utilizzare per migliorare la difesa, trasformata in un ostacolo o in un semplice elemento di disturbo per l'avversario.
- SEGRETO n. 23: molte aggressioni su una donna seduta sono tipiche delle molestie sessuali e, considerato il coinvolgimento emotivo di entrambe le parti, le tecniche di difesa devono essere studiate e allenate a lungo affinché funzionino.
- SEGRETO n. 24: la presenza di un tavolo nel luogo dell'aggressione può essere trasformata in un vantaggio se cercate di girare attorno ad esso frapponendolo tra voi e l'avversario.
- SEGRETO n. 25: in molti casi, specie nelle prese ai polsi, l'esecuzione della tecnica difensiva è la stessa sia nel caso in cui la vittima si trovi in piedi che seduta; deve solo essere allenata e provata nelle due situazioni distinte.

GIORNO 7:
Come difendersi da un tentativo di violenza a terra

Il programma di questo corso di autodifesa femminile prevede anche delle tecniche di difesa nel caso di aggressioni a terra con tentativi di violenza fisica. Il trovarsi sdraiate a terra è già una situazione di profondo disagio, se poi la vittima è a diretto contatto fisico con il corpo dell'aggressore, la paura e il panico sono reazioni più che giustificate. Vedremo ora quali sono le *posizioni di sicurezza a terra* e le tecniche di reazione, come rialzarsi da terra velocemente e con il minimo rischio in caso di colluttazione e, infine, i concetti fondamentali della lotta corpo a corpo.

SEGRETO n. 26: nel tentativo di violenza l'uomo cercherà di portare la donna a terra perché sa bene che sarà in una situazione di netto vantaggio; evitate in tutti i modi di finire a terra con lui.

Le posizioni di difesa a terra e le tecniche di sicurezza

Innanzitutto vediamo qual è la posizione base da assumere quando ci si trova distese a terra con un avversario in piedi intenzionato ad aggredire.

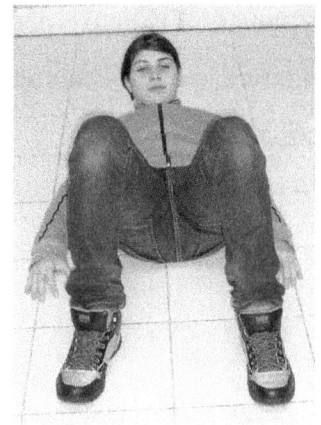

In questa **posizione base** (foto 7.001) vi trovate con la *schiena perfettamente appoggiata al pavimento, le braccia lungo i fianchi, la testa sollevata da terra* che guarda i movimenti dell'avversario, che si trova in piedi di fronte a voi e vi osserva.

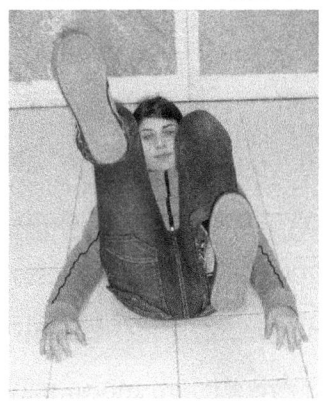

I vostri piedi devono essere pronti (foto 7.002) a colpire l'avversario se si avvicina, quindi evitate di tenerli fermi per non essere prese e bloccate da lui ma preparatevi a parare eventuali calci da parte dell'aggressore.

Se imparate bene questa posizione e a muovervi in modo coordinato, sarà difficile che un aggressore riesca ad avvicinarsi senza essere colpito. In questa immagine (foto 7.003) la posizione è proposta di lato per capire meglio come posizionarsi.

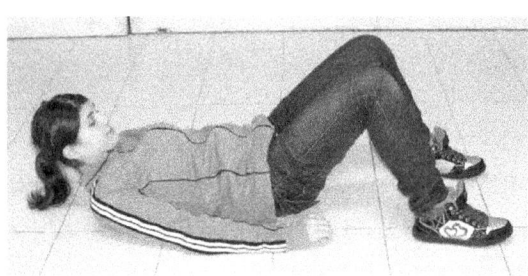

Le gambe sono pronte a muoversi (foto 7.004) per *parare con la pianta dei piedi eventuali colpi*, oppure per essere raccolte sul

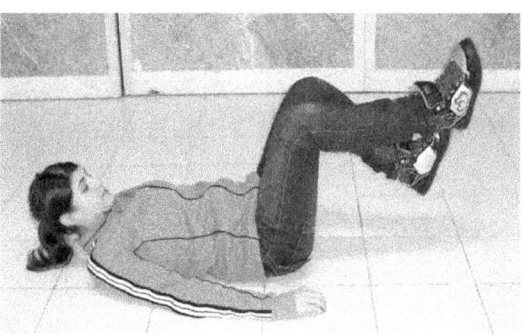

ventre per poi colpire qualora l'avversario si avvicinasse troppo (foto 7.005). Questi movimenti devono essere allenati molto per irrobustire sia i muscoli

addominali che i muscoli del collo. Gli esercizi possono risultare abbastanza faticosi per quelle persone non abituate all'attività fisica e a usare questi muscoli.

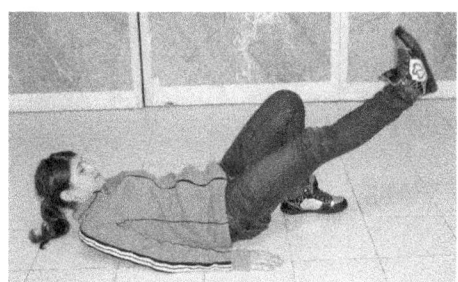

Nell'immagine vediamo il movimento del piede (foto 7.006) e la testa che viene tenuta sempre sollevata da terra.

Vediamo ora un caso pratico con l'aggressore in piedi che si avvicina (foto 7.007) con l'intenzione di prendervi e bloccarvi.

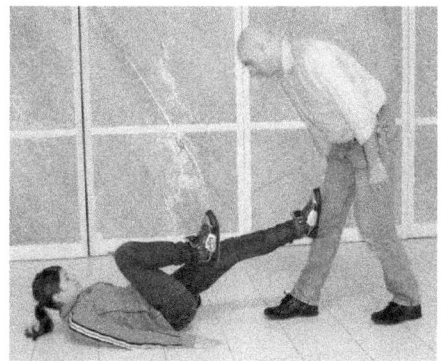

Appena giunto a tiro *colpitelo distendendo la gamba* (foto 7.008) e tenendo l'altra pronta a calciare nuovamente; in questo modo non gli darete la possibilità di avvicinarsi.

Vediamo ora la **posizione di lato** da assumere quando l'aggressore è pronto ad assalirvi da un lato (foto 7.009). Vi

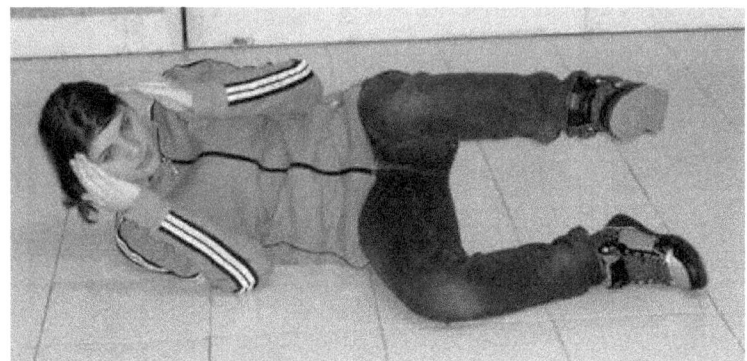

trovate *a terra su un fianco, con le gambe semiflesse* e pronte a muoversi per colpire e/o parare; *la testa è sempre sollevata da terra e le braccia sono piegate* con le mani aperte a protezione del viso, mentre i gomiti sono chiusi a protezione del seno.

Anche in questo caso (foto 7.010) sarete pronte a colpire con un

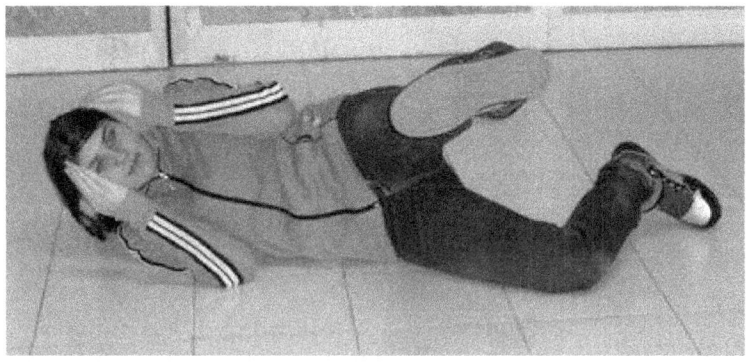

calcio se qualcuno cercasse di avvicinarsi a voi.

Nell'immagine, si vede che la schiena non poggia interamente a terra ma solo su un lato (foto 7.011).

In caso di attacco (foto 7.012) *colpite a livello del ginocchio* l'avversario che cercasse di lanciarsi su di voi per usarvi violenza.

Quando avrete imparato bene queste due posizioni di sicurezza a terra e a muovervi senza fatica, sarà possibile studiare le prossime applicazioni di difesa da terra.

SEGRETO n. 27: la difesa a terra inizia con lo studio delle posizioni di sicurezza a terra e dei movimenti base; questi sono abbastanza semplici ma richiedono un discreto allenamento fisico per chi non è abituato a muoversi in tali condizioni.

Si consiglia di praticare gli allenamenti in una stanza provvista di parquet in legno o di un tappeto grande per evitare fastidiosi microtraumi nell'impatto a terra.

La tecnica per rialzarsi velocemente e in sicurezza
Il fatto di trovarsi a terra dovrebbe essere occasionale e incidentale perché la posizione migliore in caso di aggressione è sempre quella in piedi. Quando vi trovate a terra, dovrete cercare di rialzarvi in piedi non appena le condizioni reali e la situazione ve lo rendano possibile.

Abbiamo visto che a terra dovrete assumere la *posizione di sicurezza a terra* che consente di reagire a una possibile aggressione; abbiamo visto anche le varie *posizioni di guardia in piedi* che vi permettono di parare e contrattaccare l'avversario in modo più sicuro.

Potrebbe sembrare ovvio ma nel passaggio da "terra" a "in piedi", sarete quasi completamente scoperte e impossibilitate a reagire a eventuali aggressioni; proprio per questo motivo l'azione di rialzarsi deve essere eseguita nel tempo più breve possibile e osservando alcuni accorgimenti che hanno lo scopo di proteggervi anche da una posizione di scarsa sicurezza. Vediamo come fare.

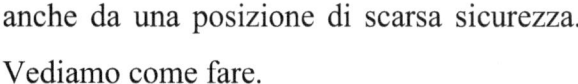

Vi trovate a terra nella posizione base (foto 7.013) con le mani lungo i fianchi, la schiena appoggiata al pavimento, la testa sollevata, pronte a reagire con le gambe a eventuali attacchi.

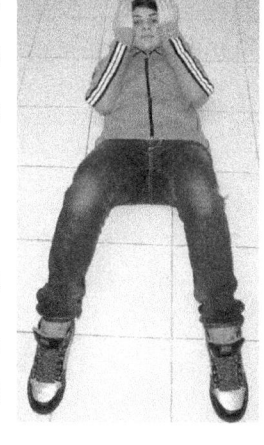

Per rialzarvi in sicurezza, la prima cosa da fare è *coprirvi il viso e il busto* con le mani, come nella guardia di sicurezza in piedi (foto 7.014).

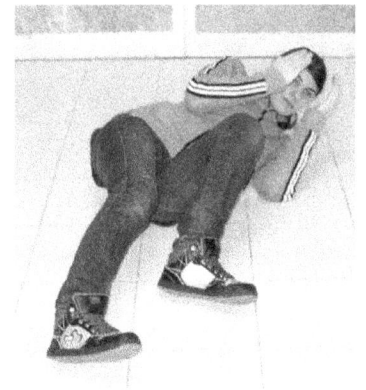

Senza distogliere lo sguardo dall'aggressore, *ruotate il busto da una parte* e appoggiate una spalla a terra alzando l'altra (foto 7.015); le mani restano a protezione del viso e del busto.

Distendete rapidamente una gamba per *agevolare la spinta nell'atto di sollevare il busto* (foto 7.016) facendo leggermente leva sul gomito del braccio in appoggio.

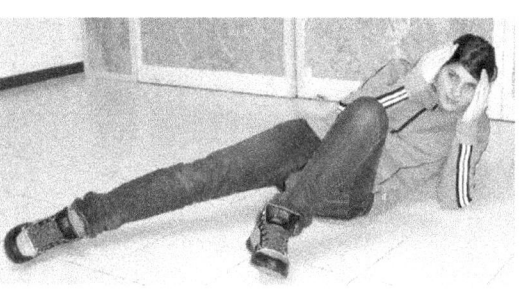

Quando vi rialzate, dovrete evitare di appoggiare le mani sul pavimento; usate i muscoli addominali e la spinta delle gambe per riequilibrare il movimento del corpo (**f**oto 7.017).

Le mani devono essere sempre pronte a parare i colpi ed eventualmente a colpire l'avversario.

Raccogliete, infine, *una gamba* (foto 7.018) *e raddrizzate il busto* in modo da trovarvi praticamente sedute per terra.

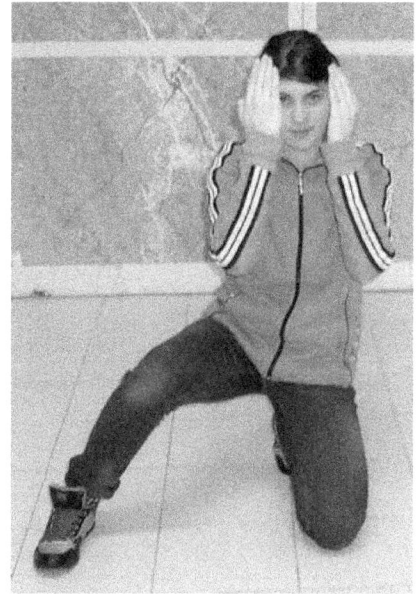

Mantenendo il busto eretto, *portate un piede sotto al gluteo* e poggiate la stessa gamba sul ginocchio (foto 7.019). L'altro piede poggia in avanti per consentirvi la spinta necessaria ad alzarvi in piedi; le mani sono sempre a difesa del viso.

Durante queste operazioni e movimenti di risalita, dovrete essere pronte a reagire e, in caso di pericolo di caduta, ritornare spontaneamente nella posizione base a terra in sicurezza.

L'immagine (foto 7.020) mostra la posizione di guardia in piedi in cui vi trovate adesso pronte a schivare un colpo, parare o colpire con un pugno o un calcio in base alle circostanze.

La sequenza che abbiamo visto va allenata molte volte di seguito in modo che diventi praticamente automatica.

Consiglio di eseguirla anche al contrario e cioè partendo dalla guardia in piedi per trovarsi nella posizione base a terra; oltre a rendervi più sicure nei movimenti, sarà un ottimo esercizio fisico perché rinforza i muscoli addominali, i muscoli delle gambe ed è un valido allenamento per migliorare sia l'equilibrio che la stabilità delle posizioni del proprio corpo.

Un ulteriore esercizio utile è quello di alzarvi da terra e, dalla posizione di guardia, dare dei colpi di pugno "a vuoto" oppure dei calci, come se aveste un avversario davanti.

SEGRETO n. 28: **per una difesa personale efficace, è importante imparare a rialzarsi osservando le elementari regole di sicurezza, in particolare quella di non utilizzare le mani o le braccia che devono servire per mantenere la guardia a protezione del viso.**

Le tecniche per difendersi e contrattaccare da terra

Se vi trovate a terra con l'avversario in piedi, potreste essere aggredite da tre direzioni diverse: vediamo quindi i possibili attacchi e come improntare la difesa. Trovarsi a terra non è un caso molto frequente ma, quando avviene, se l'avversario cerca di colpire con un calcio, può causare dei traumi gravissimi.

La cronaca sovente riporta casi di persone che sono state ridotte in fin di vita proprio perché sono finite a terra e prese a calci dall'aggressore che si trovava in piedi; pertanto bisogna studiare e provare a lungo queste tecniche per memorizzare i movimenti di difesa e i tempi di esecuzione che dovranno essere precisi, sicuri e sincronizzati con quelli dell'avversario.

Aggressione di tipo 1 su persona a terra e tecnica di contrattacco

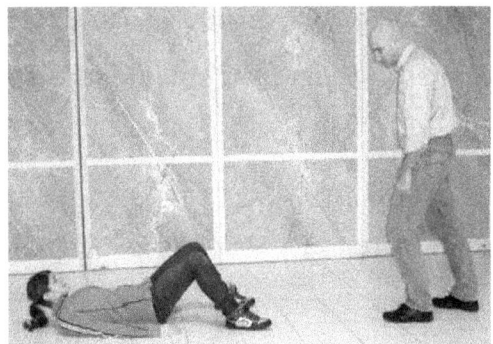

La ragazza si trova a terra e l'aggressore si avvicina (foto 7.021) dalla parte frontale con l'intento di prenderla a calci.

La ragazza si pone in posizione di sicurezza da terra, come descritto all'inizio di questo capitolo, e, nel momento in cui sta per arrivare il calcio, (foto 7.022) colpisce con la pianta del piede la tibia o il collo del piede dell'aggressore bloccando il colpo; se il calcio dell'aggressore è molto forte, rischia di lesionarsi la tibia da solo.

Aggressione di tipo 2 su persona a terra e tecnica di contrattacco

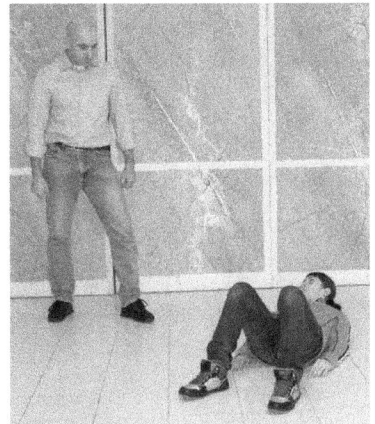

La ragazza si trova a terra e l'aggressore si avvicina (foto 7.023) di fianco allo scopo di prenderla a calci.

L'azione dell'avversario deve essere anticipata e quindi, prima che possa prepararsi a tirare il calcio, andategli incontro girandovi verso di lui (foto 7.024) raccogliendo le gambe a protezione dell'addome e le mani a protezione del viso e del busto. Se il pavimento lo consente, potete anche scivolare in avanti e lanciarvi con il corpo contro le sue gambe bloccandole e anticipando il suo calcio.

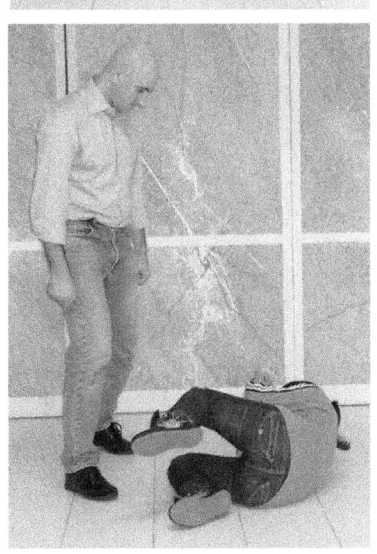

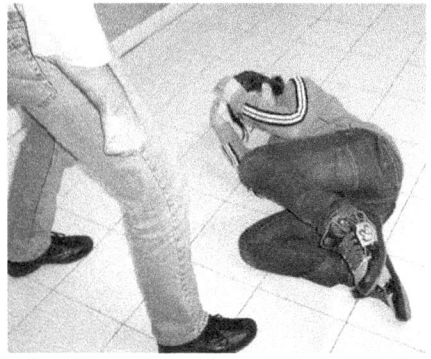
Nell'immagine si vede come chiudere il vostro corpo (*foto 7.025*) prima dell'impatto con le gambe dell'aggressore che si avvicina in piedi.

Al momento del contatto con le sue gambe (foto 7.026) *provocate uno sbilanciamento dell'aggressore in avanti* e nello stesso tempo colpite le sue tibie con il collo del piede e con gli avambracci, ammortizzando l'impatto per evitare di farvi male.

Lo scopo è quello di impedirgli di tirare il calcio; di conseguenza, vi troverete praticamente rannicchiate proprio sotto di lui, sopra ai suoi piedi.

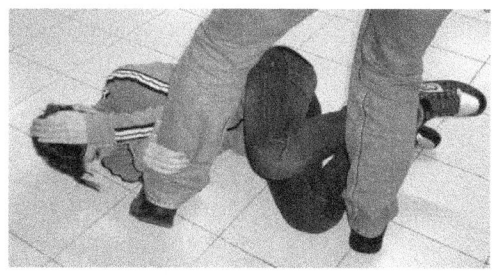
Con *la mano agganciate la sua gamba* (foto 7.027) in modo che non possa fare un passo indietro.

Bloccate bene la sua gamba con entrambe le braccia e *ruotate il vostro corpo in modo che l'avversario si sbilanci* in avanti (foto 7.028).

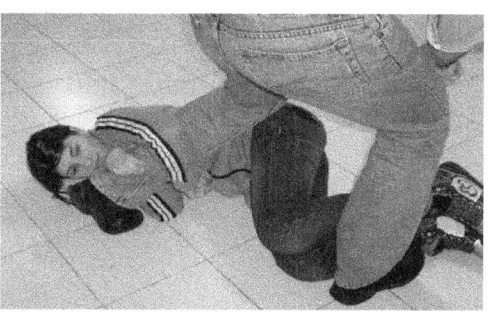

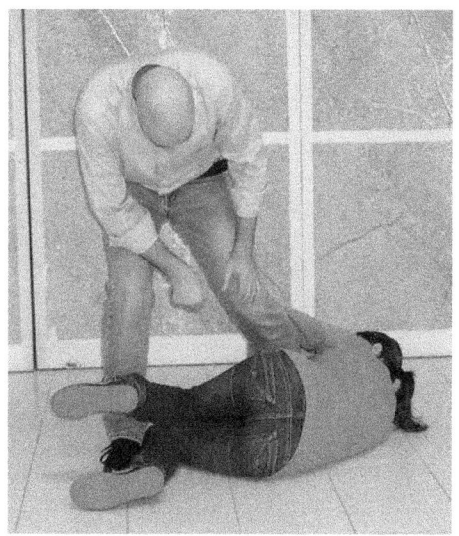
Nell'immagine (foto 7.029) si vede che il vostro corpo rimane ben chiuso mentre sbilanciate in avanti l'avversario, che passerà sopra di voi e andrà a cadere a terra battendo il viso sul pavimento.

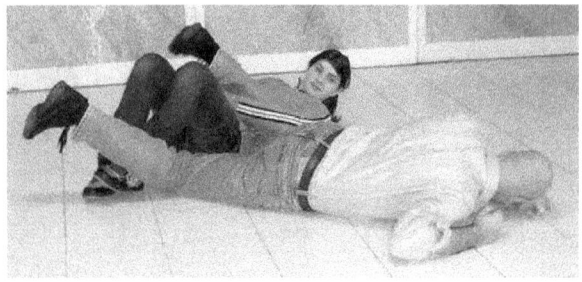

In tale situazione si presume che l'impatto a terra (foto 7.030) gli crei un danno tale da farlo rimanere un po' disorientato; coglierete l'occasione per lasciarlo libero e rialzarvi velocemente.

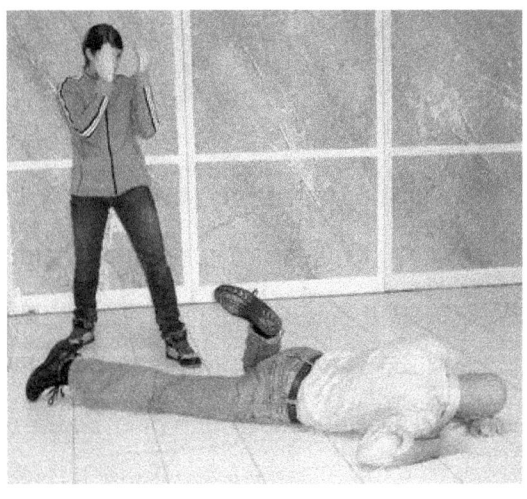

Dalla posizione in piedi (foto 7.031) in cui vi trovate è possibile quindi scegliere, in base alle circostanze, se mettervi in guardia e aspettare la sua prossima azione, oppure se colpirlo con una serie di calci alle gambe, alle ginocchia e alle caviglie finché si trova a terra, impedendogli così di rialzarsi mentre voi fuggirete in cerca di aiuto in un luogo sicuro.

Aggressione di tipo 3 su persona a terra e tecnica di contrattacco

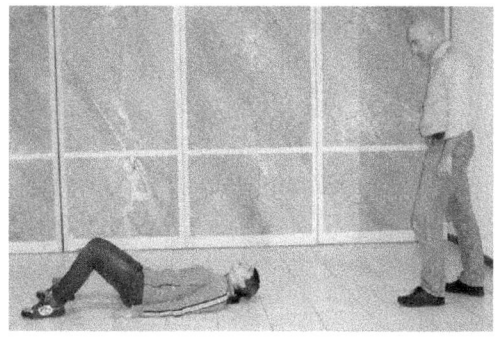

La ragazza si trova a terra e *l'aggressore si avvicina* (foto 7.032) *dalla parte della testa* per sferrare dei calci. Si tratta di una situazione molto grave che potrebbe portare a conseguenze estreme.

L'azione da fare immediatamente è quella *di ruotare il vostro corpo sul fianco* (foto 7.033) in modo da allontanare la testa dai piedi dell'aggressore. Le mani

vanno alzate a protezione del viso e le gambe si raccolgono per proteggere l'addome da un eventuale calcio; in definitiva ci si deve girare per passare a un attacco di tipo 2 descritto poco prima.

Con questa reazione, ruotando molto il vostro corpo (foto 7.034), vi troverete nella posizione di tipo 2, anche se un po' più spostate rispetto a prima dal momento che le vostre gambe non impatteranno con quelle dell'avversario.

Cogliete quindi l'occasione per colpirlo con un calcio (foto 7.035) sulla coscia prima di agganciarlo e portarlo a terra con la stessa controtecnica utilizzata nella difesa di tipo 2.

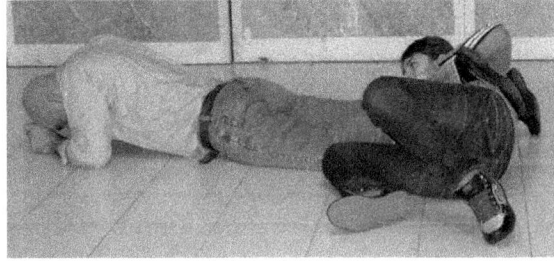
Una volta a terra, *giratevi verso di lui* e (foto 7.036) *piegategli la gamba* per evitare che si possa rialzare subito.

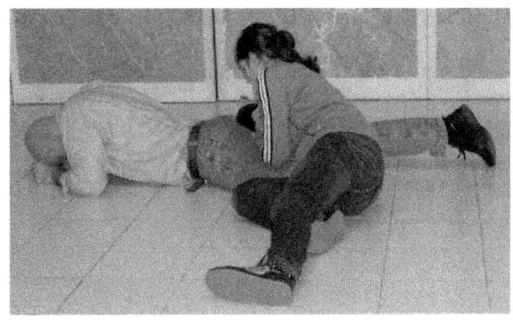

Proseguite con l'azione di *torsione della gamba e della caviglia* (foto 7.037) gravando con il peso del vostro corpo sull'articolazione e controllando anche l'altra gamba.

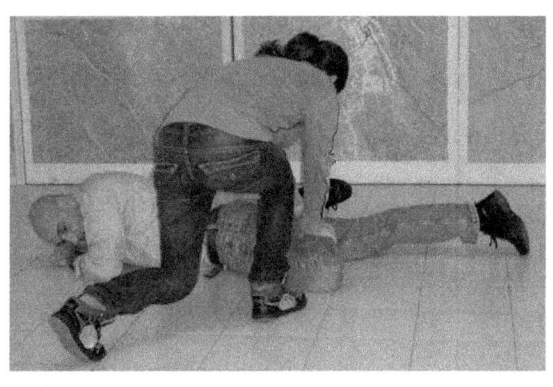

Rialzatevi mantenendo sempre il controllo della sua gamba (foto 7.038) per evitare che possa reagire calciandovi.

Appena in piedi (foto 7.039) assumete la posizione di guardia in sicurezza e valutate se colpirlo con un calcio alle gambe e al ginocchio per rallentargli i movimenti prima di mettervi al sicuro.

SEGRETO n. 29: trovarsi a terra con un avversario in piedi che cerca di sferrare dei calci è una situazione estremamente pericolosa ma non è impossibile da fronteggiare assumendo le posizioni di sicurezza a terra e utilizzando le tecniche appropriate.

Le tecniche base di difesa a terra nel corpo a corpo
In quest'ultimo paragrafo vedremo le difese forse più complesse tra quelle finora trattate perché le donne hanno comprensibilmente una certa difficoltà psicologica ad affrontare questo tipo di aggressione. Bisogna anche riconoscere che essere distese a terra con un avversario che si lancia sopra di voi e, oltre a colpire, ha probabilmente l'intenzione di commettere una violenza sessuale non è una situazione piacevole.

Queste tecniche vanno eseguite alla perfezione e nella giusta sequenza, prima lentamente e poi con maggiore velocità; solo con un allenamento assiduo e molta pratica potrete essere in grado, nel malaugurato caso vi capitasse di farne ricorso, di applicarle con successo.

Per una maggiore facilità di apprendimento, sono state classificate per tipologia, in base alla posizione dell'avversario rispetto a quella della vittima, tralasciando i nomi tecnici utilizzati dalle specialità sportive o marziali da cui derivano.

Aggressione a terra di tipo 1 e tecnica di contrattacco

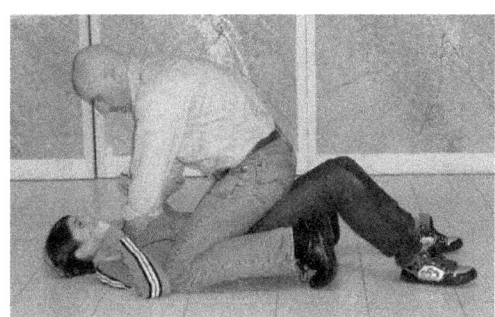

La ragazza si trova a terra e l'aggressore è chino su di lei (foto 7.040) con le gambe che avvolgono il suo corpo e le mani che stringono il suo collo per evitare che possa gridare o ribellarsi; in alternativa, potrebbe prenderle i polsi e tenerli fermi in modo che non possa reagire.

In questa posizione non potrete pensare di difendervi utilizzando la forza fisica (l'aggressore è troppo pesante!) e non avrete nemmeno la possibilità di colpirlo perché vi manca lo spazio di movimento.

La prima azione da fare consiste nel *bloccare il suo piede sinistro* (foto *7.041*) con il vostro piede destro *e il suo avambraccio sinistro* con il vostro braccio destro.

Nel dettaglio si vede (foto 7.042) come agganciare il suo piede e bloccare il suo avambraccio al vostro torace. Lo scopo di tale presa è impedirgli una reazione nel momento in cui lo sbilancerete di lato per farlo rotolare via dal vostro corpo; il bloccaggio preparatorio deve essere eseguito in modo rapido e immediato.

Ponete l'altra *mano contro il suo fianco sinistro* (foto 7.043) e poi, con un colpo di reni, spingete il vostro bacino verso l'alto e a destra.

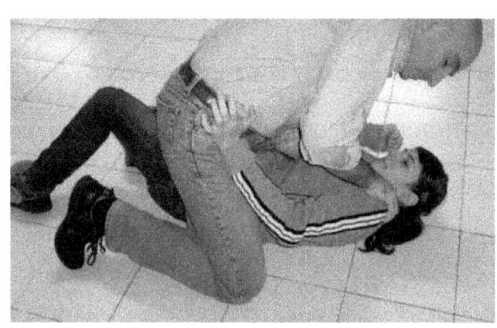

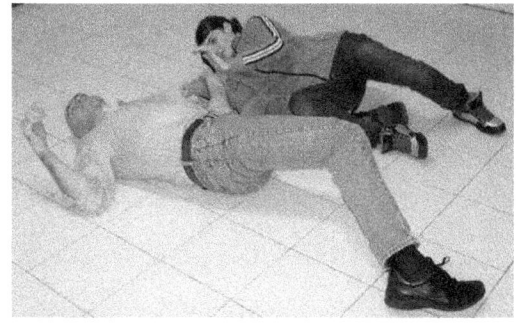

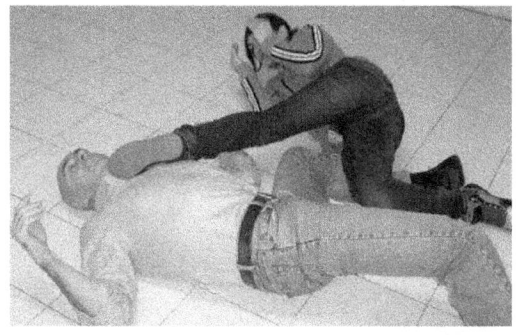

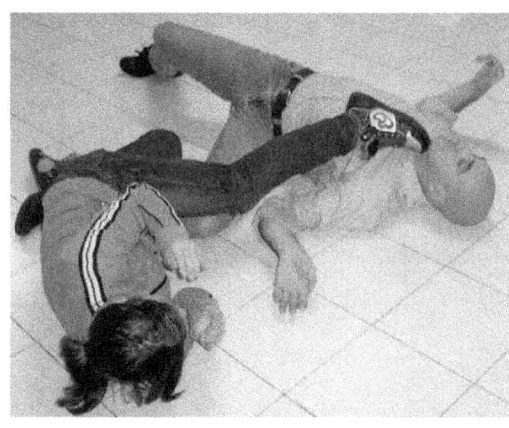

La *rotazione* deve essere *eseguita con tutto il corpo* e, aiutandovi con la spinta della gamba sinistra (foto 7.044), *girate il corpo verso la vostra destra* con un movimento netto.

Colpite con il piede sinistro il suo mento (foto 7.045) e, se necessario, replicate i colpi e i calci in modo da stordire l'avversario per guadagnare tempo per la fuga.

In questa visuale dall'altro lato (foto 7.046) si nota il calcio al viso dell'avversario e le mani tenute rigorosamente a protezione del viso.

In questa aggressione, sempre di tipo 1, il malvivente si trova in ginocchio sopra di voi (foto 7.047) con le gambe che avvolgono il vostro corpo e una mano che vi tiene il collo mentre l'altra è pronta a colpire.

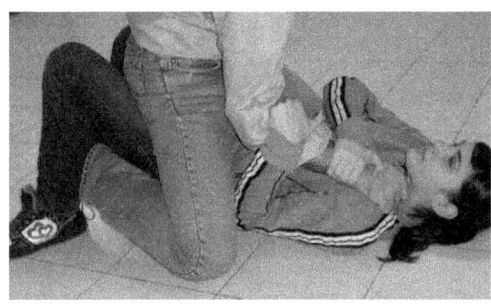

La prima difesa consiste nel *bloccare il suo braccio* (foto 7.048) con entrambe le mani premendolo al vostro torace come nella foto.

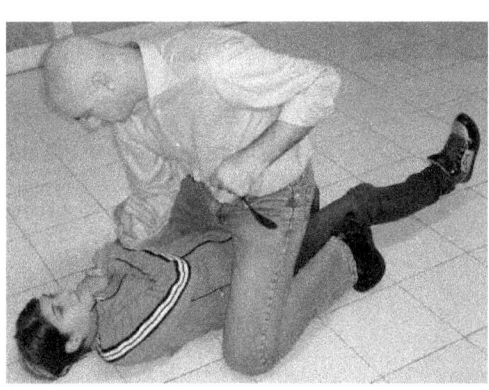

Nello stesso istante *distendete la gamba destra* (foto 7.049) per caricare il colpo che darete al vostro avversario prima che possa colpirvi.

Sollevate il ginocchio e *colpite l'aggressore alla base della spina dorsale, sul coccige* (foto 7.050). Con la spinta ricevuta, cadrà in avanti e non potrà più colpirvi perché la mano gli servirà per evitare di cadere faccia a terra (foto 7.051); siate pronte a ruotare la testa e il corpo per evitare che vi cada addosso.

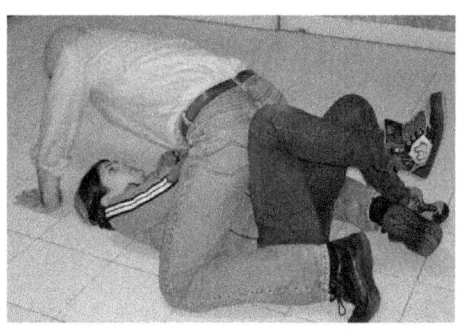

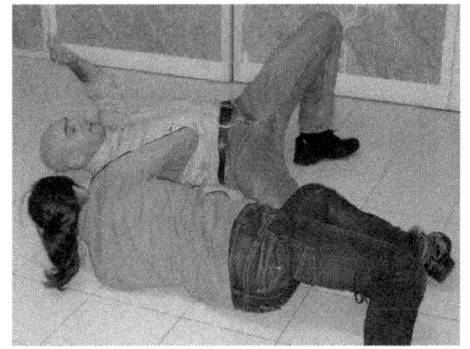

Ruotando il corpo (foto 7.052) verso sinistra, *costringerete l'avversario*, che è sbilanciato in avanti, *a ruotare a sua volta* e cadere di lato sulla schiena.

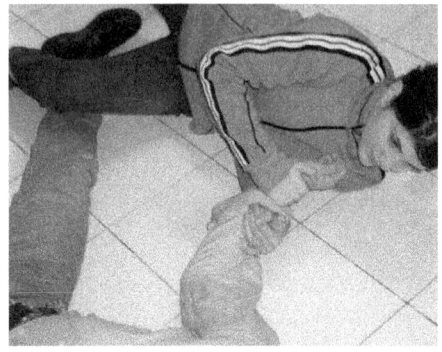

Nel dettaglio (foto 7.053) la ragazza blocca la gamba destra dell'avversario poggiandovi sopra la propria e con le mani anche il suo avambraccio destro.

Ruotando il bacino, *calciate con il piede destro l'addome* dell'aggressore (foto 7.054) e, se fosse necessario, ripetete l'azione più volte.

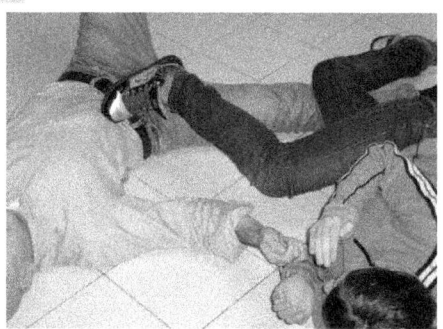

Aggressione a terra di tipo 2 e tecnica di contrattacco

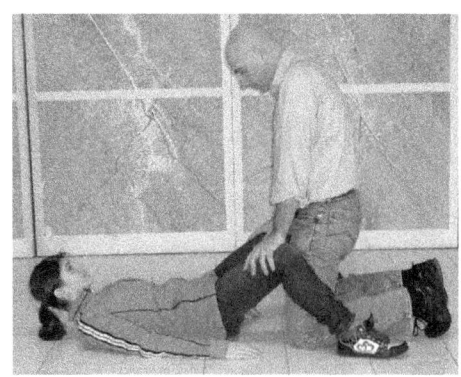

La ragazza si trova a terra e *l'avversario si trova in ginocchio di fronte a lei tra le sue gambe* (foto 7.055); le intenzioni sono chiare e intuibili.

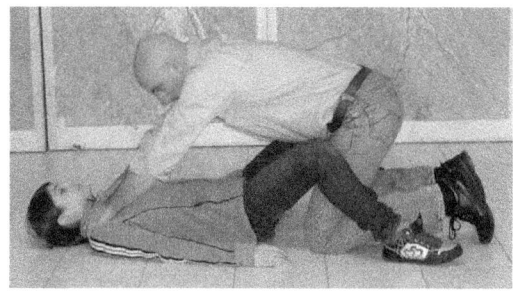

Ipotizziamo che prenda la ragazza per il collo (foto 7.056) per farla desistere da ogni reazione minacciando un'azione di strangolamento.

La difesa (foto 7.057) inizia prendendo la mano destra dell'aggressore e tenendola salda con tutte e due le mani.

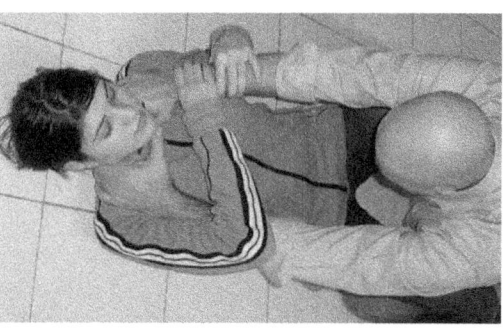

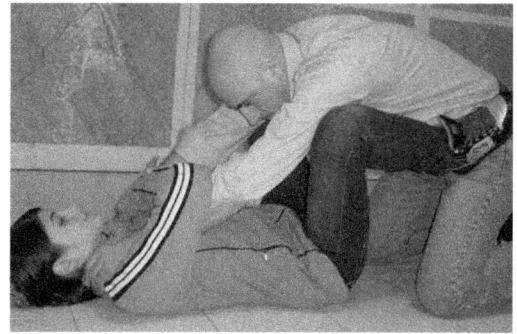

Puntate poi entrambi i piedi sulle creste iliache dell'avversario (foto 7.058) e spingete a fondo fino a *distendere del tutto le vostre gambe.*

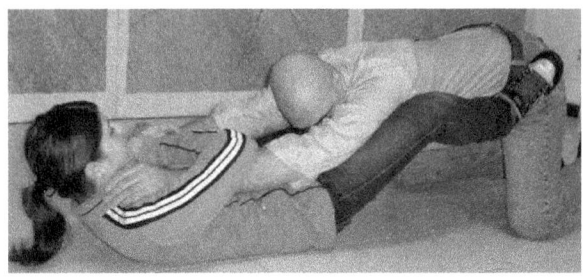
L'avversario non potrà opporre resistenza (foto 7.059) perché la forza delle vostre gambe è comunque maggiore della sua e quindi non sarà difficile allontanarlo dal vostro corpo.

Fate scivolare alla vostra sinistra il bacino (foto 7.060) e uscite
da sotto; portate contemporaneamente la vostra *gamba sinistra verso destra sopra al corpo dell'avversario* girando il vostro fianco mentre mantenete sempre bloccato il suo braccio destro.

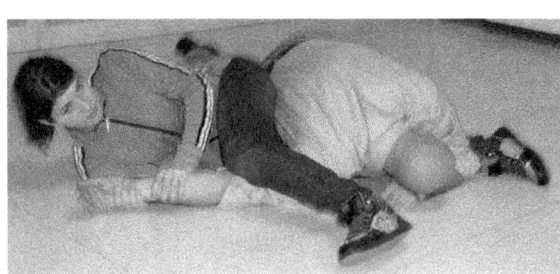
Proseguendo con la rotazione (foto 7.061) *creerete una leva molto potente sulla spalla destra dell'avversario* che sarà costretto a ruotare la testa verso il basso.

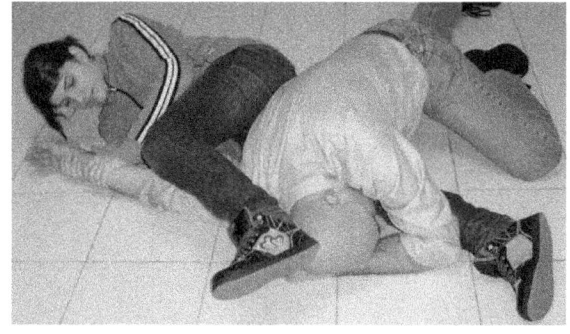

Colpite la testa dell'aggressore con il tallone sinistro (foto 7.062); ripetete tale tecnica più volte se necessario, specie se l'avversario tentasse di reagire colpendo la vostra gamba destra che potrebbe trovarsi sotto al suo busto.

Se durante la rapida rotazione avrete la prontezza di non lasciare distesa la vostra gamba destra ma di piegarla verso l'esterno, non avrete problemi nel liberare la gamba da sotto il corpo dell'avversario.

Non è però difficile farlo...

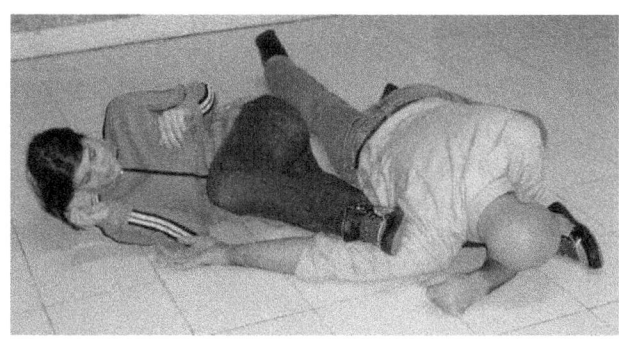

... spingendo il piede sotto la sua ascella (foto 7.063), sfilate la vostra gamba destra da sotto il suo corpo per trovarvi libere.

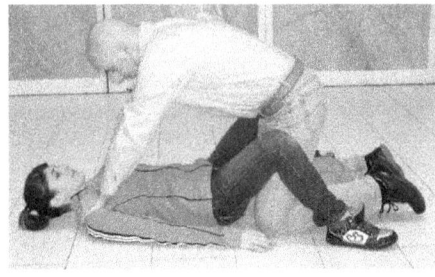

Con lo stesso genere di aggressione tipo 2 appena visto (foto 7.064) è possibile utilizzare anche un'altra difesa...

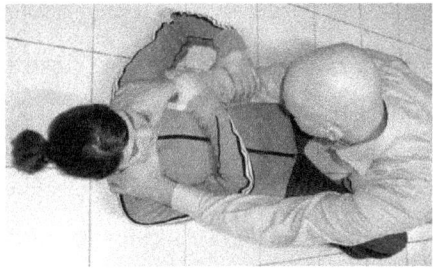

... si blocca sempre la mano dell'avversario sul proprio torace (foto 7.065)...

... si poggiano i piedi sui suoi fianchi (foto 7.066) e si spinge il suo bacino...

... ma, in questo caso, la sua testa (foto 7.067) è maggiormente sollevata rispetto alla situazione precedentemente vista nella foto 7.059.

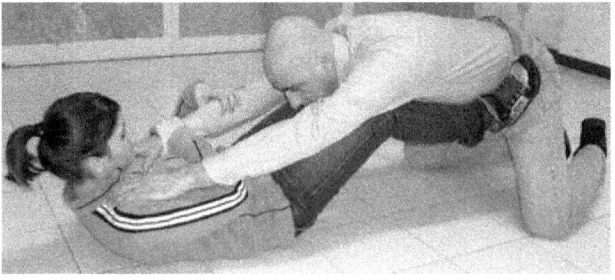

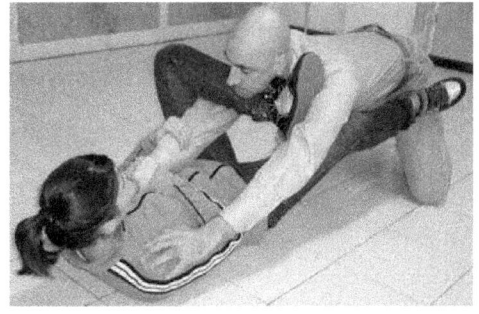

Si posiziona quindi il piede sul collo, *sotto al suo mento* come raffigurato nell'immagine (foto 7.068).

Si ruota la gamba sinistra (foto 7.069) *verso l'esterno* provocando il ribaltamento dell'avversario, che avrà inoltre il braccio destro bloccato in leva.

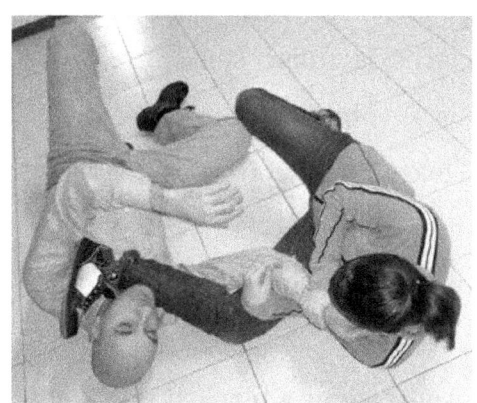

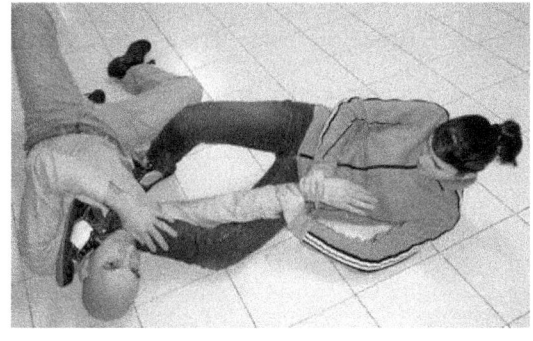

Con l'altro piede *si colpisce quindi il suo fianco* sulle costole fluttuanti mantenendolo sempre fermo in leva (foto 7.070).

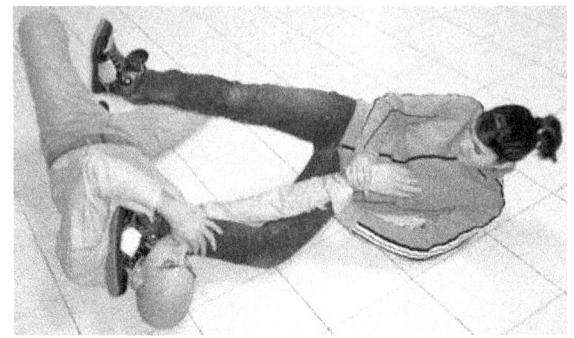

Si colpisce poi il suo corpo con il tallone del piede destro (foto 7.071) con un movimento dall'alto verso il basso...

...e successivamente anche la fronte con un colpo simile (foto 7.072) prima di rialzarsi per fuggire al sicuro.

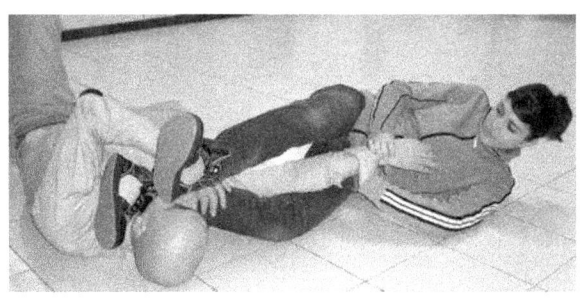

Aggressione a terra di tipo 3 e tecnica di contrattacco

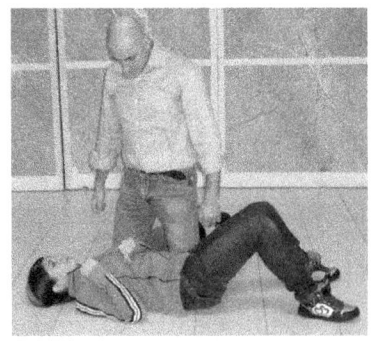

La ragazza si trova a terra, *l'avversario è in ginocchio di fianco a lei* (foto 7.073) pronto ad avventarsi sul suo corpo.

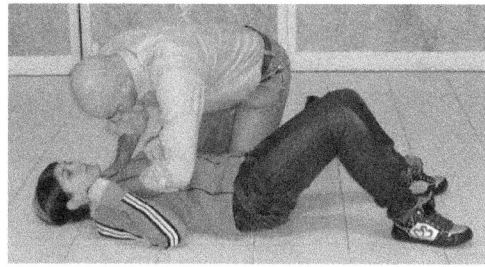
L'aggressione, infatti, consiste nel *piegarsi su di lei e stringerle il collo con entrambe le mani* (foto 7.074). Questa è una presa meno pericolosa delle precedenti ma non va assolutamente sottovalutata.

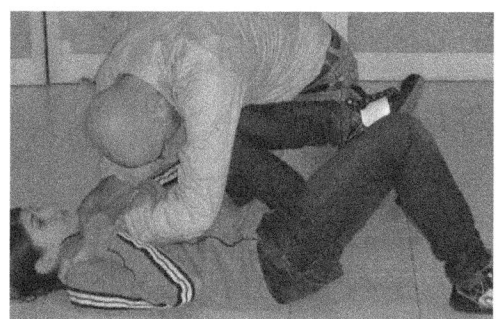
Se l'avversario si trova alla vostra sinistra, *bloccategli il braccio sinistro* (foto 7.075) con entrambe le mani e *puntate il vostro ginocchio sinistro contro il suo addome* in modo da allontanarlo da voi il più possibile.

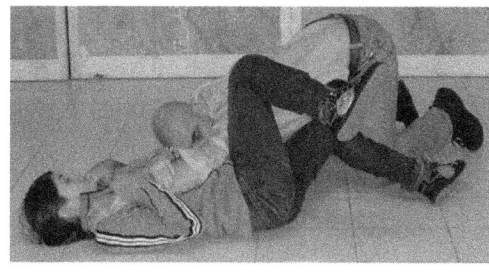
Ruotate poi il bacino e il corpo verso sinistra (foto 7.076) tenendogli bloccato il braccio e sollevando la gamba destra sopra la sua spalla.

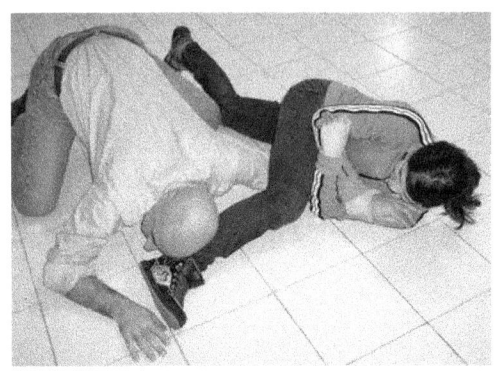

Proseguite con il movimento (foto 7.077) e *portate in leva il suo braccio sinistro*; colpite poi il viso con il piede destro.

Puntate il piede sinistro sul suo fianco (foto 7.078) e spingetelo in modo da allontanarvi da lui.

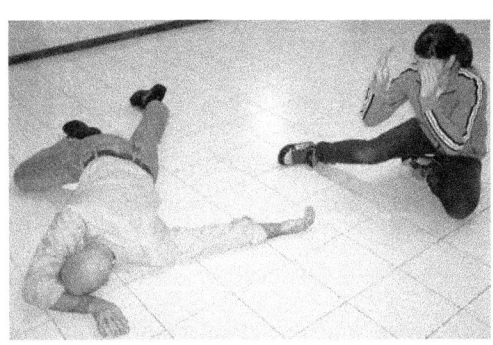

Appena vi sarete allontanate (foto 7.079) alzatevi in sicurezza con la tecnica già descritta: potrete fuggire o colpirlo prima che si rialzi.

Aggressione a terra di tipo 4 e tecnica di contrattacco

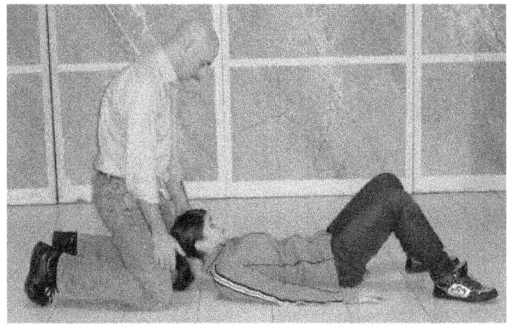

La ragazza è a terra e l'aggressore si trova in ginocchio dietro alla sua testa (foto 7.080).

L'aggressore è piegato in avanti e afferra il collo della vittima (foto 7.081) con l'intenzione di strangolarla.

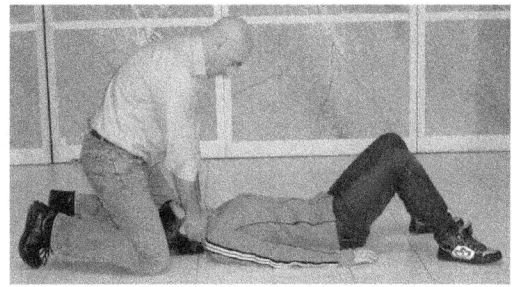

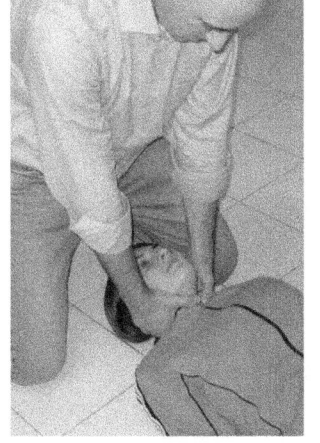

Nel particolare (foto 7.082) la presa dell'avversario con entrambe le mani.

La prima reazione consiste nel *colpire con le braccia* (foto 7.083) *l'interno dei suoi gomiti* in modo che si abbassi verso di voi.

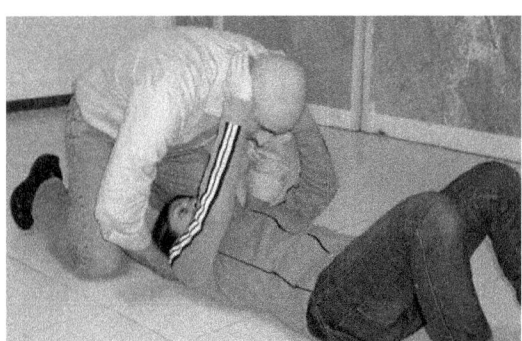

Colpitelo ancora con le mani "a coppa" sui padiglioni auricolari per stordirlo (foto 7.084).

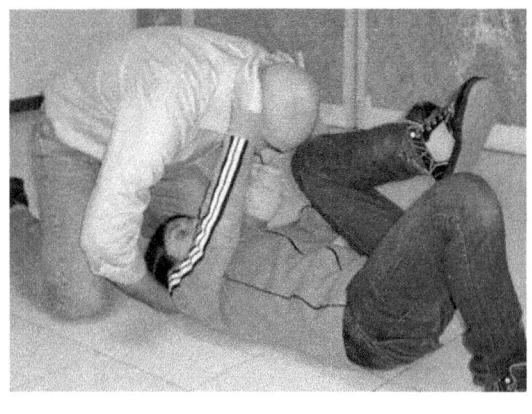

Contemporaneamente *il vostro ginocchio sinistro sale e va a colpire la testa dell'avversario* (foto 7.085) alla sommità del capo, meno robusta rispetto alla fronte.

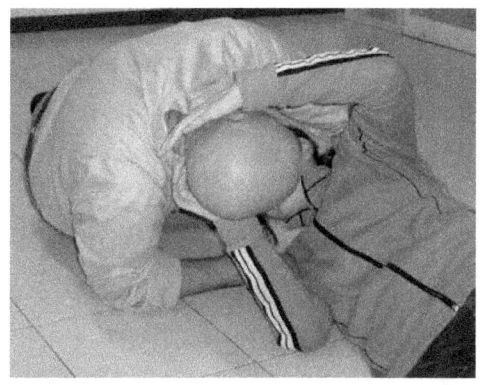

Ruotate poi la sua testa con un'azione secca in modo da creare una leva alle vertebre cervicali (foto 7.086) e portarlo a terra mentre vi girate verso l'alto.

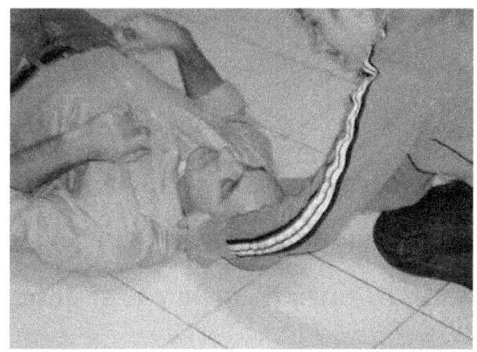

Battete la sua nuca a terra (foto 7.087) trovandovi nella posizione contraria a quella iniziale in cui l'avversario era sopra e voi sotto.

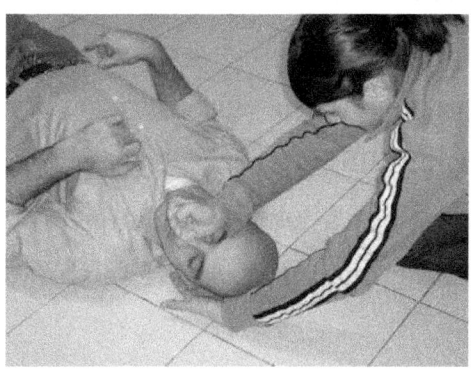

Colpitelo al viso con un colpo da destra verso sinistra (foto 7.088) provocando ancora una torsione delle vertebre cervicali.

Infine, rialzatevi in piedi (foto 7.089) e assumete la posizione di guardia base in sicurezza o cogliete l'occasione per fuggire in un luogo lontano e sicuro.

SEGRETO n. 30: nella lotta a terra contro un aggressore uomo non è possibile pensare di difendersi contrapponendo la propria forza fisica ma è solo utilizzando i principi delle leve e delle tecniche applicate con l'uso di tutto il corpo che si potrà sperare di ottenere un risultato efficace.

SEGRETO n. 31: la lotta a terra contro un aggressore uomo è la forma di combattimento più difficile e pericolosa per una donna, dovrete studiarla e allenarla a lungo e molto bene se volete sperare di ottenere dei risultati apprezzabili.

RIEPILOGO DEL GIORNO 7:

- SEGRETO n. 26: nel tentativo di violenza l'uomo cercherà di portare la donna a terra perché sa bene che sarà in una situazione di netto vantaggio; evitate in tutti i modi di finire a terra con lui.
- SEGRETO n. 27: la difesa a terra inizia con lo studio delle posizioni di sicurezza a terra e dei movimenti base; questi sono abbastanza semplici ma richiedono un discreto allenamento fisico per chi non è abituato a muoversi in tali condizioni.
- SEGRETO n. 28: per una difesa personale efficace, è importante imparare a rialzarsi osservando le elementari regole di sicurezza, in particolare quella di non utilizzare le mani o le braccia che devono servire per mantenere la guardia a protezione del viso.
- SEGRETO n. 29: trovarsi a terra con un avversario in piedi che cerca di sferrare dei calci è una situazione estremamente pericolosa ma non è impossibile da fronteggiare assumendo le posizioni di sicurezza a terra e utilizzando le tecniche appropriate.
- SEGRETO n. 30: nella lotta a terra contro un aggressore uomo

non è possibile pensare di difendersi contrapponendo la propria forza fisica ma è solo utilizzando i principi delle leve e delle tecniche applicate con l'uso di tutto il corpo che si potrà sperare di ottenere un risultato efficace.

- SEGRETO n. 31: la lotta a terra contro un aggressore uomo è la forma di combattimento più difficile e pericolosa per una donna, dovrete studiarla e allenarla a lungo e molto bene se volete sperare di ottenere dei risultati apprezzabili.

Conclusione

Dalla lettura di queste pagine certamente vi sarete rese conto che imparare a difendervi non è impossibile ma richiede un discreto impegno, una forte volontà e motivazione; non esiste la bacchetta magica e, per ottenere dei risultati, bisogna lavorare con regolarità e costanza.

È quindi giunto il momento di fare un *piano di studio*; rileggete dall'inizio questo ebook e, insieme a un'amica o un compagno di allenamento, rivedete e riprovate una ad una le tecniche illustrate nei vari giorni senza aver fretta di giungere alla fine del libro. Vedrete che, nonostante le prime inevitabili difficoltà, i risultati non tarderanno ad arrivare. L'apprendimento e la memorizzazione saranno facilitati se seguirete l'ordine logico dei vari giorni e dei paragrafi; evitate, infine, di studiare e provare più di due o tre tecniche per volta. S'impara molto prima se ci si allena con regolarità e metodo ed è meglio applicarsi nello studio 40 minuti per 3 volte alla settimana che due ore di seguito ogni sette giorni. Iniziate ogni allenamento facendo almeno dieci minuti di ginnastica leggera per riscaldare i muscoli e le articolazioni; prima di studiare tecniche nuove, per altri dieci minuti, ripetete quello che avete studiato nell'allenamento precedente e alla fine della sessione chiudete gli occhi e provate a visualizzare mentalmente ciò che avete appena fatto.

Una raccomandazione per imparare bene ed evitare di farvi male: studiate con attenzione e cercate di assimilare le spiegazioni delle tecniche illustrate senza trascurare le descrizioni in dettaglio; le foto e le sequenze di immagini sono a supporto delle descrizioni e non viceversa.

Infine, richiamo la vostra attenzione sul fatto che le tipologie di aggressione prese in esame sono gravi e pericolose. Di conseguenza le tecniche di autodifesa descritte sono certamente efficaci ma anche estremamente potenti: sappiate che potreste causare all'avversario lesioni gravi con danni permanenti. *Siate consapevoli di questo, pensate sempre alle possibili conseguenze ed utilizzatele solo in situazioni estreme!*

Se avete delle domande da sottopormi, se volete fare delle

osservazioni sulle tecniche oppure se avete bisogno di consigli o suggerimenti, non abbiate timore e scrivetemi all'indirizzo: fast.autodifesa@gmail.com; vi leggerò e risponderò con molto piacere.

Se volete consultare il sito che illustra i corsi di Difesa del Metodo FAST, andate al seguente indirizzo internet: www.fast-autodifesa.org

Non mi resta ora che augurare a tutte voi un buon lavoro!

www.ingramcontent.com/pod-product-compliance
Lightning Source LLC
Chambersburg PA
CBHW050900160426
43194CB00011B/2224